Joachim Radkau

요아힘 라트카우 / 박혜정

<컴북스이론총서>는
현대를 호흡하는 사상가들을 소개합니다.
단순한 사상의 축약, 해제가 아닙니다.
해당 사상가를 연구해 온 전문가가 직접
사상가의 핵심 키워드 10개를 뽑아 해설하고 비평합니다.
인간과 비인간, 현실과 가상, 문화와 야만의
경계를 넘나드는 모든 사상을 싣겠습니다.
오늘을 살아가는 모든 이의 나침반이 되겠습니다.

컴북스이론총서

요아힘 라트카우

박혜정

대한민국, 서울, 커뮤니케이션북스, 2025

요아힘 라트카우

지은이 박혜정
펴낸이 박영률

초판 1쇄 펴낸날 2025년 4월 28일

커뮤니케이션북스(주)
출판 등록 제313-2007-000166호(2007년 8월 17일)
02880 서울시 성북구 성북로 5-11
전화 (02) 7474 001, 팩스 (02) 736 5047
commbooks@commbooks.com
www.commbooks.com

ISBN 979-11-430-0251-8 04900

책값은 뒤표지에 표시되어 있습니다.

역사의 리비도, 자연을 찾아서

요아힘 라트카우(Joachim Radkau, 1943~)는 독일의 사학자로, 노르트라인베스트팔렌주의 민덴(Minden)에서 루터교회 목사의 외아들로 태어났다. 제2차 세계대전에서 아버지를 여의고 홀어머니 밑에서 자라 뮌스터, 베를린, 함부르크에서 역사를 공부했다.

빌레펠트학파의 기조 형성에 큰 영향을 미친 프리츠 피셔(Fritz Fischer)의 지도하에 ≪독일인들의 미국 이민: 1933~1945년 미국의 유럽 정책에 미친 영향(Die deutsche Emigration in den USA: Ihr Einfluß auf die amerikanische Europapolitik 1933-1945)≫(1971)으로 박사 학위를 취득했다. 이민사는 라트카우의 연구 이력에서 유일하게 환경사와 거의 접점이 없는 주제다. 그러나 라트카우는 이민사 연구를 계기로 깊이 교류하게 된 게오르크 할가르텐(Georg Hallgarten)과 ≪독일 산업과 정치에 관한 개요(Deutsche Industrie und Politik)≫를 출간하면서 산업과 기술을 거쳐 자연과 환경에 관심을 갖게 되었다.

라트카우는 1980년 서독의 삼대 개혁대학 중 하나인 빌레펠트대학교 교수로 임용되어 30년간 연구와 교수 활동에 전념하다가 2009년에 정년 퇴임했다. 독일 환경사의 학문적 기틀을 마련한 학자라는 평가를 받을 만큼 다방면에 걸쳐 왕성한 연구, 저술, 교육, 강연 활동을 펼쳤고 여든 살을 넘긴 현재까지도 학술 활동을 이어 가고 있다. 라트카우를 인터뷰한 한 기자가 농담으로 언급했듯, 그는 연구 주제와 시대를 가장 많이 바꾼 신기록 보유자다.

빌레펠트학파의 아웃사이더

이 책의 목차를 이루는 열 가지 키워드, 핵, 나무, 교육, 자연, 세계사, 인물, 신경과민, 환경운동, 미래, 태양은 필자가 라트카우와 함께 그의 집필 저작들을 기준으로 선정했다. 키워드들에서 알 수 있듯 라트카우는 한 사람의 학자가 천착했다고 보기 어려울 정도로 다양한 연구 주제들을 다루는 학술적 광폭 행보를 보여 왔다. 원자력 경제에서 인물 전기와 신경쇠약에 이르기까지 다양하면서도 이질적인 주제들을 탐색해 온 라트카우의 긴 저서 목록은 보는 것만으로도 숨차다.

그러나 라트카우의 학술적 광폭 행보에 대한 빌레펠트 학파의 시선은 그리 우호적이지 않았다. 당시 하나의 연구 주제를 좁고 깊게 파헤치던 빌레펠트학파의 일반적 연구 관행과 너무나 동떨어져 있었기 때문이다. 빌레펠트학파의 대부이자 라트카우의 교수 임용 자격 논문의 심사자이기도 했던 한스울리히 벨러(Hans-Ulrich Wehler)도 평생 독일제국 사회사의 궤도를 벗어난 적이 없다. 라트카우의 박사 문하생이었던 필자는 학과 컬로퀴엄에서 라트카우가 자신의 새로운 연구서에 대해 발표를 했을 때 시니컬한 반응과 질문들이 쏟아지는 광경을 보면서 충격과 당혹감에 휩싸였던 기억이 지금도 생생하다.

실제로 라트카우는 후일 자평했듯이 학과 내에서 아웃사이더였다. 비판적 역사의식과 사료 검증이라는 빌레펠트학파의 양대 정신에 누구보다 충실한 학자였지만, 교수 임용 자격 논문을 출간한 ≪독일 핵경제의 부상과 위기 1945~1975(Aufstieg und Krise der deutschen Atomwirtschaft 1945-1975)≫(1983) 정도를 제외하면 라트카우의 연구서 대부분은 학과 내에서 저평가되었다. 당시 환경사 자체가 매우 주변적인 학문이었고, 구어체 표현과 에피소드를 즐겨 쓰던 라트카우 특유의 에세이식 글쓰기는 진지한 학술서라기보다는 대중교양서 같은 인상을 주기에 충분했다.

라트카우는 베스트팔렌-리페교육대학 출신 교원이라는 이유로 정교수 승진이 불가능했고 정년 퇴임할 때까지 학과에서 '비학술적인' 직업 교육 범주로 간주되던 역사교육 교과목을 도맡아 담당해야 했다. 라트카우가 오늘날의 높은 명성에 어울리지 않게 박사제자가 유달리 적은 이유도 그의 학과 내 입지와 결코 무관하지 않다. 라트카우는 평생 운전면허증을 보유하지 않았는데, 이 같은 아웃사이더의 설움을 매일 10킬로미터가 넘는 길을 자전거로 출퇴근하며 페달에 쏟아 냈다고 고백하기도 했다.

라트카우는 학자로서 드라마틱한 연구 이력을 갖고 있지만, 그 결과는 더 드라마틱하다. 빌레펠트대학교 사학과에서 변두리 학문인 환경사를 가르치는 아웃사이더 교수에서 일약 세계적인 명성의 대학자로 변신했기 때문이다. 이러한 대반전은 2000년에 출간된 ≪자연과 권력: 환경의 세계사(Natur und Macht: Eine Weltgeschichte der Umwelt)≫가 환경사 연구의 메카인 미국에서 열광적 반응을 이끌어 내면서 일어났다. 동구권 몰락과 함께 역사학계를 강타한 지구사(global history) 열풍이 독일까지 도달한 가운데 환경을 주제로 그 학문적 가능성을 비판적으로 타진한 ≪자연과 권력≫은 독일 내에서도 비교적 긍정적인 평가를 받았다.

그러나 영역본은 2009년 세계사학회(World History Association)의 우수도서상을 수상할 정도로 더 큰 호평을 받았고, 시간이 갈수록 뜨거운 해외 반응이 뒤따랐다. 이후 ≪자연과 권력≫은 영역본을 필두로 7개국어로 번역되어 명실상부 세계적 베스트셀러에 등극했다. 오늘날 빌레펠트학파를 이끌었던 대표적 학자들은 한국과 같은 극동의 일반 독자들에게 거의 알려지지 않았다. 그러나 2012년 ≪자연과 권력≫ 한국어 번역본의 성공적 출간을 계기로 라트카우는 환경에 관심이 있는 사람들이라면 누구나 떠올릴 만한 학사가 되었다. 역사학계에서 이보다 흥미진진한 반전 스토리는 드물 것이다.

자연이라는 리비도, 역사의 리비도

80세 생일을 맞아 라트카우는 다시 빌레펠트대학교 사학과를 찾았다. 달라진 위상에 걸맞게 발 디딜 틈 없이 들어선 청중 앞에서 40년이 넘는 자신의 연구 인생을 결산했다. 10개가 넘는 이질적 주제들 사이를 방랑했고, 더욱이 이 모든 것이 애초에 계획된 일이 아니었기에 그 스스로도 자신의 학문 여정의 핵심어를 찾기가 쉽지 않았다고 고백했다.

강연을 준비하면서 비로소 전광석화처럼 '자연'이라는 핵심어가 머릿속에 떠올랐다고 한다. 처음부터 자연을 목표로 역사 연구에 정진한 것은 아니지만, 무엇을 연구하든 내면 깊은 곳의 화두는 늘 자연이었고 그런 의미에서 자연은 자신의 '역사학적 리비도'에 해당한다고 털어놓았다. 그런데 왜 리비도일까?

리비도라는 단어 선택에는 라트카우의 특별한 개인사가 투영되어 있다. 라트카우는 이 책 첫 장의 주제인 핵경제와 반핵운동을 연구한 이후 휘말리게 된 녹색운동 안팎의 정치사회적 논쟁을 겪으며 고질적인 신경쇠약에 시달린다. 이러한 극히 개인적인 경험을 계기로 라트카우는 인간의 깊은 내면세계에 관심을 갖는다. 라트카우가 ≪생태의 시대: 세계사(Die Ära der Ökologie: Eine Weltgeschichte)≫(2011) 이후 돌연 인물 전기 저술에 뛰어든 이유가 여기 있다. 이러한 속사정을 모르는 주변에서는 라트카우가 인물 전기를 연이어 출간하는 것을 의아하게 생각하거나 정년 퇴임한 학자가 손쉽게 할 수 있는 작업 정도로 여겼다.

그러나 그 배후에는 라트카우의 개인사를 아는 사람들도 예상치 못한 좀 더 큰 그림이 있었다. 라트카우가 17년에 걸쳐 사회학자 막스 베버(Max Weber), 독일의 초대 연방 대통령을 지낸 테오도어 호이스(Theodor Heuss), 1848년혁명기의 망명 작가 말비다 폰 마이젠부크(Malwida von Meysenbug)의 일대기를 쓴 것은 환경사의 새로운 지평을 열기 위해서였다. 특히 베버의 전기를 쓰는 것은 독일에서 대단한 용기를 요하는 일이었지만, 환경사 연구를 인간 내면의 자연이라는 새로운 영역으로 확장하려면 베버에서 출발해야 한다고 생각했다. 그 결과 라트카우는 단순한 인물 전기가 아니라 19세기 후반의 학계를 풍미한 자연주의 사상에 대한 베버의 입장, 실제 자연에 대한 그의 생각 그리고 자기 내면의 자연과의 심하게 뒤틀린 관계를 통합해 낸 새로운 유형의 전기를 완성했다.

라트카우는 자신의 환경사 연구를 미래 재생에너지인 태양에너지에 관한 저작으로 마무리할 계획이다. 그러나 현재까지의 연구 궤적만 보면 라트카우의 학술적 행보는 외적 자연에 대한 연구에서 시작해 인간 내면의 자연으로 귀결된다. 라트카우의 환경사관, 더 나아가 역사관의 독특한 이면을 엿볼 수 있는 대목이다. 독일 사회구조사의 아성과도 같은 빌레펠트대학교에서 누구보다 비판적 역사의식을 진정성 있게 실천한 학자였지만, 끝내 그들과는 다른 자신만의 길을 찾아 나서도록 라트카우를 내몬 것은 빌레펠트 사회사가 망각한 '살아 있는 인간'에 대한 희구였다.

라트카우가 독일 전역의 자료보관소를 누비며 복원한

환경사의 중심에는 구조 이전에 내면의 자연법칙에 따라 생동하는 인간이 만들어 가는 사건의 연속이 있었고, 개인의 작은 행위가 전 세계적으로 커다란 반향을 일으키는 자연의 본성에 대한 믿음이 있었다. 라트카우가 ≪독일 핵경제의 부상과 위기≫ 출간을 계기로 본격적으로 녹색당과 환경운동계의 정치 공방에 뛰어든 이후, 당시 지배 담론이었던 생태주의와 비판적 거리를 유지하고 자신만의 환경사적 소신을 유지할 수 있었던 힘도 바로 그가 사료의 세계에서 조우한 실재에 대한 확신에서 나왔다.

즉 라트카우는 생태주의자들과 달리 자연을 인간의 의식세계 바깥에 존재하는 외적 자연에 국한하지 않는다. 오히려 인간 내면의 자연에 더 큰 의미를 부여하면서, 양 자연 사이의 내밀한 관계와 이를 감지해 온 인간의 환경의식을 통해 양자가 매우 구체적이면서도 분석적인 수위에서 통합될 수 있다는 사실을 중시한다. 생태계에는 수많은 상호작용과 연관성이 존재하지만, 특히 이 외적 자연과 인간 내면의 자연 간 연관성에 인류세의 많은 것이 달려 있다고 보기 때문이다.

라트카우는 인간이 자연과 맺는 관계가 인간의 자연적 본성과 조화를 이룰 때에만 개선되어 왔다고 확신한다. 특히 라트카우는 지구 평균 온도가 산업화 이전 대비 1.5도

상승하는 것을 막겠다는 일률적 목표만 고집하면서 기후 재난에 대한 경고만 남발하는 작금의 IPCC와 기후과학 중심의 글로벌 기후정치의 방식으로는 그 어떤 효과적인 기후 행동도 이끌어 낼 수 없다고 본다. 지속적인 기후 보호는 당사자들의 이해관계를 고려해 추진될 때에만 가능하고 기후공학이 아니라 폭넓은 환경의식과 결합할 때 비로소 실효성 있는 변화를 일으킬 수 있다는 생각에서다.

따라서 라트카우가 환경사에서 부각하고자 노력해 온 것은 인간과 자연의 관계에서 중요하게 작용해 온 인간의 리비도로서 자연 사랑이다. 라트카우는 지크문트 프로이트(Sigmund Freud)의 비유를 빌려 이 리비도의 폭넓은 잠재력을 두고 다양한 형태를 자랑하며 변태적(變態的)이라고 표현했다. 인간이 자기 보존 본능에 따라 자연을 착취하고 파괴해 온 것은 사실이지만, 역사적으로 다양한 동기와 이해관계에 뿌리를 둔 이질적 노력들이 연합해 환경보호의 성과를 일구어 낸 것도, 문화적 차이를 넘어 국제적 '생태소통'을 가능케 한 것도 인간 내면의 본능적인 자연 사랑의 힘이었다.

이런 맥락에서 환경사를 1970년대의 생태혁명을 통해 태동한 근대적 환경운동의 산물로만 보는 것은 편협한 정의다. 라트카우는 근본적으로 환경사 연구에서 운동의 역사가 아니라 "인간의 삶과 문화의 자연적 근간에 대한 의식의 역사"에 주목할 필요가 있으며, 전 세계적으로 전개된 인류의 자원 갈등과 질병과의 싸움이 이러한 역사의 실재를 확증해 준다고 말한다. 라트카우의 수제자이지만 좀 더 모범적인 사회사학자인 프랑크 위쾨터(Frank Uekötter)와 시각이 갈리는 것도 바로 이 대목에서다. 위쾨터가 1970년대 생태혁명을 불확실성의 시대에 정치사회적 안정을 지향하는 선택의 결과로 본 데 반해, 라트카우는 기본적으로 이 시대를 환경의식의 변화와 정보지식이 열어젖힌 '신계몽'과 깨달음의 시대로 규정했다.

자연과 인간에 대한 라트카우의 이해는 기후위기 담론에 지대한 영향을 미친 과학철학자 브뤼노 라투르(Bruno Latour)의 이해와도 다르다. 오늘날 탈인간중심주의는 라투르의 유명한 '행위자 네트워크 이론(Actor Network Theory, ANT)'을 필두로 환경사뿐 아니라 학계 전반에 걸쳐 진보의 화두가 되었다. 그러나 라트카우는 '인간중심주의에서 벗어난' 환경사로는 인간 내면의 자연과 인간 외부의 자연 사이 연관성을 다룰 수 없다고 경고한다.

라트카우는 자연이 개념화될 수 없다고 보며, 자연이란 "우리 자신의 평안이 동식물계의 번영, 끊임없이 맑게 솟아오르는 샘과 다양한 방식으로 연관되어 있다는 경험"의

축적물이라고 암시할 뿐이다. 이러한 의미의 자연은 단순히 주어진 것이 아니며, 결코 인과론적으로만 작동하지 않는다. 지역적이고 특수한 무엇, 더 나아가 '특정한 문화와의 상호 관계하에서 발전하는 그 무엇'이다. 따라서 자연은 오직 역사가의 사유를 통해서만 역사적 행위자로 환생할 수 있을 뿐이다.

라투르와 같은 신유물론자뿐 아니라 최근에 ≪행성 시대 역사의 기후(The Climate of History in a Planetary Age)≫를 출간한 포스트식민주의 역사학자 디페시 차크라바르티(Dipesh Chakrabarty)도 절대적 타자로서 자연과 행성을 강조한다. 물론 라트카우가 역사화된 자연을 강조한다고 해서 자연의 독자적 행위성을 부인하는 것은 전혀 아니다. 라트카우는 예상을 벗어나는 미래의 가능성을 늘 조심스럽게 고려해 자연의 예비분을 남겨 둘 줄 아는 성찰적 지혜와 계몽을 중시한다.

그럼에도 라투르와 차크라바르티가 중시하는 자연과 행성의 압도적이고 근본적인 타자성은 라트카우에게 불가지론의 영역에 속한다. 자연의 역동성 전체는 한정된 공간 내에서만 구체적으로 생각할 수 있다고 믿기 때문이다. 지구시스템과학 덕분에 비로소 드러나기 시작한 행성과 자연의 행위성 앞에서 라투르와 차크라바르티가 외경심의 회복을 강조한다면, 라트카우는 행성적 자연과 인간 내면의 자연 간 연결성에 주목한다. 따라서 라트카우 자신의 역사학적 리비도, 인간의 리비도, 역사의 리비도는 모두 자연으로 수렴된다.

포스트모더니즘 없는 포스트모던 역사학의 지향

라트카우의 책이 대중에게 호응을 얻는 이유는 분명 그의 이야기체 글쓰기 방식에 있다. 그럼에도 대표작 ≪자연과 권력≫에 미국 독자들이 열광적으로 반응한 것은 재미있는 이야기 때문만이 아니었다. 사람 중심의 생동감 있는 이야기를 철저한 사료 분석에 기반해 신빙성 있게 전개한 덕이기도 했다. 엄격한 사료 비판을 역사 연구의 철칙으로 삼는 빌레펠트 사회사 연구 전통이 크게 힘을 발휘한 대목이다.

그러나 라트카우의 경쟁력은 그다음에 있다. 빌레펠트 사회사학자들이 대개 사료적 사실을 검증하고 그 역사적 의미를 사회과학적 이론에 기대어 도출하는 과정에서 경직된 사회과학적 어조의 '설명'을 길게 늘어놓는다면, 라트카우는 역사주의 이전 역사학의 문학적 전통에 더 가까운 글쓰기 스타일을 고수하면서 주관적이고 감정적인 구어체 수사법까지 동원해 사람들 이야기를 늘어놓는다. 벨러의 유명한 ≪독일제국(Das Deutsche Kaiserreich)≫만 보더라도 역사학자가 쓴 책이라고 믿기 힘들 정도로 사료 내용의 직접 인용이 적고, 그 대신 저자의 분석과 개념이 지배적인 사회과학 이론서의 느낌이 강하다. 이와 달리 라트카우의 글에서는 사료의 행간을 비판적으로 읽는 저자의 날카로운 시선과 풍성한 원사료의 힘을 모두 경험할 수 있다.

그럼에도 라트카우가 유독 사회사가들에게 학술적으로 높이 평가받지 못하는 이유는 분명하다. 바로 산만한 문체의 성긴 텍스트 때문이다. 만화경처럼 펼쳐지는 경험적 사실의 나열 속에 가끔씩 삐져나오는 저자의 통찰과 주장은 인색하리만큼 간략하고 단절적이고 모호하다. 마치 고대 역사 서술의 티케(tyche)를 차용한 듯, 내러티브의 혼란하고 잡다한 전개 끝에 저자의 설명은 술어적으로만 등장하는 탓에 독자는 마치 미로 같은 골목길에 들어선 느낌을 받는다.

라트카우의 텍스트는 분명 에피소드 중심의 평이한 이야기들 너머에 복합적 사유를 담고 있지만, 이 사유를 충분히 그리고 체계적으로 설명하지 않는다. 따라서 독자는 이 불친절하고 산만한 텍스트를 차근차근 쌓아 가듯이 읽을 수밖에 없다. 따라서 일반 독자와 같이 에피소드 자체에 만족하기보다 명료한 논지[독일어로는 '붉은 실(roter Faden)'이라고 불린다]를 중시하는 전문 역사학자들에게 라트카우의 글은 난해하거나 알맹이 없는 텍스트로 비치기 쉽다.

라트카우가 이런 서사 구조를 고집하는 것은 논리적으로 정합적이고 완결된 서사를 믿지 않기 때문이다. ≪생태의 시대≫에서 고백했듯 라트카우는 환경운동과 마찬가지로 체계적 논리로는 설명될 수 없는 환경사를 연구한 학자이기에 역사의 복잡계적 진면목을 누구보다 일찍 적나라하게 경험했다. 라트카우는 "인간의 일상적 생태 행위를 원전의 행간을 통해 읽어 내는 것"이 환경사학자의 임무라고 말한다.

이러한 태도를 이론의 바깥에서 역사를 서술하는 것을 좌우명으로 삼았던 페르낭 브로델(Fernand Braudel)의 태도와 비교할 수도 있겠지만, 브로델이 찾고자 했던 장기지속 구조 같은 문제에 대체로 무관심했던 라트카우의 역사학은 브로델의 구조사보다 포스트모던 역사학에 더 가깝다. 라트카우는 그 어떤 종류의 추상적 이론, 구조, 어젠다도 신뢰하지 않으며, 기성 체계와 관념의 관성을 깨고 "그때까지 불가능하게 여겨졌던 많은 것이 가능해지는 순간이 존재한다는 것"을 역사에서 배울 수 있는 최고의 교훈으로 삼는다.

독일 사회사 연구의 중심부에서 환경사를 통해 포스트모던에 가까운 역사 서술을 추구하는 것만큼 아이러니한 일은 없을 것이다. 그러나 진짜 아이러니는 라트카우가 포스트모던 역사학이 이념적 토대로 삼는 포스트모더니즘에 대해 줄곧 비판적이었다는 데 있다. 라트카우는 포스트모던 사상의 근간을 이루는 문화지상주의, 근대에 대한 병리학적 이해, 탈계몽주의, 언어적 전환 이래 흥기한 구성주의적 사조와 같은 특정 인식 전제들에 대해 줄곧 비판적·회의적 입장을 보였다. 요컨대 라드카우의 포스트모던적 경도는 체계나 구조와는 거리가 먼 카오스에 가까운 환경문제들과 씨름하는 과정에서 일어난 일이지 포스트모던 이념의 산물은 아니다.

라트카우의 역사학은 크게 세 가지 지점에서 포스트모던 역사학과 교차한다. 우선 라트카우는 아래로부터의 역사의 신봉자다. 주지하듯 포스트모던 역사학은 영국의 마르크스주의 역사학자 에드워드 파머 톰슨(Edward Palmer Thompson)이 열어젖힌 아래로부터의 역사학의 영향 아래서 태동했다. 아래로부터의 관점은 라트카우의 모든 저작을 관통한다.

라트카우는 일찍이 핵경제 연구에서 산업계와 핵물리

학계의 엘리트 중심 담론이 주도권을 상실하고 위기에 봉착한 근본 원인을 대중과의 소통 실패에서 찾았고, ≪생태의 시대≫에서도 생태혁명의 동력을 대중적 차원의 신계몽에서 찾으면서 대중의 광기와 무지라는 편견에 맞서려 했다. 핵경제 연구가 끝난 후 과학기술(Technologie)이 아닌 작은 기술(Technik)들의 역사를 연구한 것도 아래로부터의 역사를 향한 일관된 행보였다.

그 직접적 성과에 해당하는 ≪독일의 기술(Technik in Deutschland)≫(1989)은 2008년 증보판과 중국어판이 나오며 재차 주목받았다. 이 책에서는 산업과 기술을 독립적인 키워드로 택하지 않았기에 ≪독일의 기술≫을 상세히 살펴볼 기회가 없지만, 라트카우의 과학기술관은 오늘날 빅테크 시대에도 시사하는 바가 크다. 일반인들의 작은 기술과 지식에 대한 라트카우의 신뢰는 환경운동의 과학화를 경계하는 입장에서도 나타난다.

라트카우에 따르면 과학화가 만들어 내는 지식의 사다리에서 가장 아래에 위치한 일반인들의 지식과 기술은 환경보호의 현장에서 전문가 지식 못지않게 유용함에도 그 가치가 폄하되어 왔다. 그러나 1970년대의 생태혁명은 과학적 생태학이 주도한 계몽이 아니라 과학 외부에서 실제 경험과 실천에 힘입어 성공했다는 것이 라트카우 신계몽 테제의 요지다.

라트카우 역사학의 또 다른 포스트모던적 면모는 인물 중심 이야기에서 볼 수 있다. 라트카우의 이야기가 잡다해 보이는 주요인은 인물 중심 에피소드가 빈번하게 끼어든다는 데 있다. 근대 역사학은 영웅과 인물 중심의 이야기에서 구조, 사회집단, 시스템에 대한 연구로 축을 전환했다. 그러나 라트카우의 이야기에는 개인들이 살아 있다. 인물 전기 세 편은 말할 것도 없고, 다른 저작에서도 서사를 이끌어 가는 힘은 저자의 설명, 판단, 이론, 개념, 구조화가 아니라 직접 증언을 쏟아 내는 생동감 넘치는 다양한 화자들에게서 나온다. 라트카우는 대체로 이들 화자의 증언을 전달하는 메신저를 자처할 뿐, 전체적이고 종합적인 설명과 조망에 좀처럼 나서지 않는다.

포스트모던 역사학은 구조적 종합을 지향하는 전체사회사(Gesamtgesellschaftsgeschichte)를 거부하고 '개체성'을 중시한 레오폴트 폰 랑케(Leopold von Ranke)의 정신으로 돌아가려는 지향성 때문에 '신역사주의'로 불리기도 한다. 포스트모던 역사학이 문화적 전환을 통해 종합보다 차이, 기능보다 의미, 설명보다 해석을 역사 서술의 새로운 문법으로 삼았다면, 라트카우는 생동하는 개인들이 전면에 나서는 역사를 부각해 빌레펠트학파의 전체사에 맞섰다.

필자의 소견으로는 이러한 라트카우 서사의 절정을 보여 준 것이 ≪신경과민의 시대: 비스마르크와 히틀러 사이의 독일(Das Zeitalter der Nervosität: Deutschland zwischen Bismarck und Hitler)≫(1998)이다. 빌레펠트 사회사의 핵심 테제인 전(前) 산업적 구조의 연속성 테제와 달리, 라트카우는 제1차 세계대전을 초래한 동인을 빌헬름 제국의 사회정치적 구조가 아니라 당시 제국 전체에 만연했던 신경과민증이라는 개인들의 심성적 층위에서 찾았다. 무엇보다 ≪신경과민의 시대≫는 빌헬름 2세, 베버, 빌헬름 리하르트 바그너(Wilhelm Richard Wagner) 같은 유명 인사들 외에 정신병원 환자 기록 속 무수한 일반인들을 주요 화자로 등장시켜 이야기를 이끌어 간다는 점에서 획기적인 저작이다.

인물중심주의라는 라트카우 역사학의 포스트모던적 면모는 세 번째 면모, 즉 가능성의 역사로 이어진다. 포스트모던 역사학이 역사 속에서 무한 변형되는 문화에 주목하는 이유는 역사 해석의 다양성에 있다. 즉 하나의 완결된 해석이나 관점을 추구하지 않고 끊임없이 새로운 가능성을 열기 위함이다. 68세대로서 환경운동에 직간접적으로 참여해 온 라트카우의 관심은 더 실천지향적이고 윤리적이다.

라트카우의 미래지향적 역사관을 잘 보여 주는 ≪미래의 역사: 1945년부터 오늘날까지 독일인들의 예단, 비전, 착오(Geschichte der Zukunft: Prognosen, Visionen, Irrungen in Deutschland von 1945 bis heute)≫(2017)는 단순히 전후 독일인들의 예상과 기대가 어떻게 빗나갔는가에 관한 이야기가 아니다. 책이 전달하고자 하는 진짜 메시지는 사람들이 예측·계획·상상한 대로 진행되지 않는 놀라움의 역사와 과거인들의 복수의 미래상이 말해 주는, 다르게 진행되었을 수도 있는 역사의 가능성에 관한 것이다.

'기대 지평'이란 개념으로 미래에 대한 역사학적 논의에 물꼬를 튼 라트카우의 유명한 동료 라인하르트 코젤렉(Reinhart Koselleck)은 독일의 오랜 근대비판적 전통을 계승했다. 반면 라트카우의 미래에 대한 관심은 코젤렉이 보기에 지나치게 근대적일지 모른다. 라트카우가 환경문제에 근심과 희망이라는 양면이 공존한다는 미생물학자이자 환경운동가인 르네 뒤보스(René Dubos)의 생각을 추수해 미래의 예측 불가능성을 항상 겸허히 염두에 두면서 현재의 다양성과 모순을 살피는 불안한 방랑자의 시선을 강조하기 때문이다.

거의 800쪽에 달하는 ≪생태의 시대≫를 프리드리히 니체(Friedrich Nietzsche)의 ≪인생에 대한 역사의 유용함과 해로움(Vom Nutzen und Nachteil der Historie für das Leben)≫(1874)에 대한 단상으로 마무리하는 대목에서 우리는 라트카우의 이러한 역사관을 다시 한번 마주한다. "기성 체계의 관성적 요소를 깨고 그때까지 불가능하게 여겨졌던 많은 것이 가능해지는 순간이 존재한다는 것을 역사는 가르쳐 준다. 아마도 '인생에 대한 역사의 유용함' 가운데 최고의 것은 우리의 현재에서 그런 역사적 순간을 가려볼 줄 아는 안목을 키우는 일이리라." 삶의 스승으로서 역사(historia magistra vitae)를 역사윤리적 차원으로 승화시킨 통찰력이라 할 만하다.

한국에 없는 유형의 역사학자 라트카우

환경위기가 날로 심화하는 현시점에서 라트카우를 한국 독자에게 소개하는 일은 단순히 한 명의 유명 환경사학자를 소개하는 것 이상의 의미가 있다. 그 어느 때보다 융합이 미래지향적 학문의 화두로 널리 회자되고 있지만, 우리는 융합을 할 줄 모른다. 환경사는 대표적인 융합 학문 분야다. 융합이란 말보다는 학제 간(interdisciplinary) 연구라는 용어가 더 널리 사용되었던 1970년대에 학문의 경계를 넘나들며 환경사라는 새로운 밭을 일구어 낸 학자가 라트카우다.

빌레펠트학파 역시 본래 역사학과 사회과학의 학제 간 연구를 토대로 출범했지만, 라트카우는 이 범주를 훌쩍 뛰어넘어 학계와 공론장까지 연결하는 새로운 유형의 역사학을 개척했다. ≪핵경제의 부상과 위기≫나 ≪생태의 시대≫ 그리고 출간을 앞두고 있는 태양에너지에 관한 저작이 모두 여기에 해당된다. 우리 시대의 뜨거운 화두, 인류세 개념이 증명하듯 학문적 담론과 공론 영역 간 벽은 이미 빠르게 무너지고 있다. 라트카우는 사회적 실천과 밀착해 있는 환경사라는 특수한 연구 분야에 천착하면서 기술, 에너지, 생태학, 정치사회사, 산업경제사, 환경운동계, 미디어를 가로지르는 최대 규모의 융합에 일찌감치 뛰어든 선구자라고 할 수 있다.

서양사, 동양사, 한국사의 칸막이 체제하에 유독 학제적 경계를 넘는 데 조심스럽고 주저함이 많은 한국의 역사학계에서 라트카우와 같은 역사학자가 당장 나타나기는 어려울 것이다. 그러나 기후위기를 비롯해 우리가 당면한 21세기의 빅퀘스천은 라트카우와 같은 미래형 역사학자를 절실히 요한다. 선험적 가정, 가치, 이념, 이론의 틀을 과감히 탈출해 역사 본유의 문제인 '변화'의 가능성을 진지하게 탐구하되, 실천적 윤리의식을 잃지 않는 직업인으로서 역사학자가 그것이다. 학자로서 그리고 한 인간으로서 평생 모험 정신으로 자신의 세계를 종횡무진 넓혀 온 라트카우의 궤적이 학계를 넘어 일반 독자들에게도 신선한 자극과 영감의 원천이 되길 바란다.

이 책은 새로운 유형의 학자로서 라트카우를 그의 다채로운 저서들을 통해 소개하려는 목적에서 쓰였다. 그러나 책의 구성에서 라트카우의 역사철학과 역사관을 열 가지 키워드로 설명하는 연역적 방식을 취하는 대신(이런 유의 책에서 좀 더 일반적인 양식일 것이다) 라트카우의 글쓰기 스타일처럼 귀납적 형식을 따랐다. 즉 열 가지 키워드로 대변되는 저술 주제를 주어로 삼아 라트카우의 여러 가지 얼굴과 생각이 술어로서 드러날 수 있도록 구성했다.

사적 대화에서나 공적 강연장에서나 라트카우는 역사 속 사람들의 일화를 끊임없이 늘어놓는 이야기꾼이다. 아울러 늘 휴대하는 작은 수첩에 상대의 이야기와 토론 내용을 기록하는 데 열심인 경청자다. 라트카우의 종합적 환경사관이나 역사철학의 정합적 전모를 기대하는 독자라면 이 책의 구성이나 전개 역시 매우 산만하게 느낄 수 있다. 그러나 각 장의 키워드를 따라서 라트카우의 저술 세계에 몰입하다 보면, 그가 진정한 전체사라고 주장한 환경사의 규모와 복잡한 구조에 새삼 놀랄 뿐 아니라 그것이 왜 이런 방식으로 구축되는 것이 최선인지 공감하게 될 것이다. 빌레펠트대학교의 다른 사회사학자 동료들과 달리, 라트카우 자신은 전체사로서 환경사의 '붉은 실'에 대해 이야기하거나 설명하려 시도한 적이 없다. 자신의 생각마저 매일 흔들리고 달라질 수 있다는 것을 잘 알고, 역사의 본질이 변화에 있다고 믿기 때문이다. 필자는 독자들의 이해를 돕기 위해 최소한 이를 대리 설명하려 했으나, 월권을 할 수는 없었다.

차례

일러두기

- 이 저서는 2022년 대한민국 교육부와 한국연구재단의 지원을 받아 수행된 연구입니다(NRF-2022S1A5C2A04093488).
- 인명, 작품명, 저서명, 개념어 등은 한글과 함께 괄호 안에 해당 국가의 원어를 병기했습니다.
- 외래어 표기는 현행 어문규정의 외래어표기법을 따랐습니다. 다만 '톰슨(Thompson)', '코젤렉(Koselleck)'은 통용되는 표기에 따랐습니다.

01
핵

핵은 군사 핵과 평화 핵 모두를 아우른다. 양자의 기술은 서로 깊은 상관관계에 있다. 이 장은 후자에 관한 라트카우의 연구만을 다루지만, 직관성을 위해 '핵'이라는 외자 제목을 선택했다. 반핵운동 역시 핵무기에 반대하는 평화운동까지 포함하는 개념이지만, 이 장에서는 원전 반대 운동의 의미로만 사용했고 평화운동은 별칭했다.

전후 독일사의 가장 뜨거운 드라마, 원자력의 흥망

2011년 동일본 지진 이후 탈원전으로 기울었던 유럽의 에너지 정책이 러시아-우크라이나 전쟁과 에너지 위기를 맞아 최근 친원전으로 회귀하고 있다. 독일은 주변국들의 이러한 행보와 정반대로 2023년 4월 마지막 남은 원전 3기의 가동을 중단한 이래 탈원전 기조를 유지하고 있다. 이토록 결연한 독일의 반핵 의지는 어떻게 만들어졌을까? 길게 보자면 라트카우의 환경사적 관심은 자연과 생태가 아니라 40년 전 바로 이 질문과 함께 시작되었다.

≪독일 핵경제의 부상과 위기≫는 향후 라트카우가 정치사회 현상을 넘어 에너지와 기술을 포함한 좀 더 근원적인 차원에서 환경사를 연구하는 데 중요한 초석을 마련했다. 그러나 이 책은 그 자체로도 사회과학과 역사학의 경계를 혁신적으로 파괴해 당시 엄청난 호평과 주목을 받았던 역작 중의 역작이다. 2013년에는 핵물리학자 로타어 한(Lothar Hahn)과 함께 후쿠시마 사태와 독일 탈원전 결정까지 시간 축을 확장해 ≪독일 핵경제의 부상과 몰락(Aufstieg und Fall der deutschen Atomwirtschaft)≫을 출간하면서 독일 핵경제의 몰락을 역사적으로 최종 결산했다.

라트카우는 원자력의 흥망을 희극, 비극, 범죄극이 뒤섞

여 있는 전후 독일사 최고의 드라마로 꼽는다. 1950년대의 독일인들 모두가 미래 에너지원으로서 원자력에 열광했다. 라트카우의 본래 연구 목적 역시 원자력 사례를 통해 미래 신기술에 대한 서독 정부의 느려 터진 대응을 폭로하는 것이었다고 한다. 라트카우는 당시 그 누구도 접하기 어려웠던 독일 원자력위원회(Deutsche Atomkommission)의 문서들을 무제한 열람할 수 있도록 정부 허가를 받을 수 있었던 것도 자신의 친원전적 열정 덕분이었다고 회고한다.

독일의 원자력 유포리아는 원전 건립이 현실이 되는 순간 끝장났다. 원자력 기술의 위험성과 핵폐기물 문제가 불거지자 전 사회적 규모의 풀뿌리 반핵운동이 1970~1980년대 독일 사회를 뒤흔들었다. 1975년 장장 9개월간 지속되었던 바덴뷔르템베르크주 남부의 빌(Whyl) 원전 부지 점거 사태는 본격적인 반핵운동의 신호탄이 되었다.

사회과학자들은 오랫동안 독일 반핵운동을 여성운동, 평화운동, 소수자 인권운동과 함께 '신사회운동'으로 설명해 왔다. 신사회운동 이론은 공동체적 경험에 기반한 전통적 노동운동과 달리 개인적 신념과 가치에 의해 사안에 따라 유동적으로 조직되는 새로운 유형, 즉 포스트물질주의적 가치 지향을 특징으로 하는 사회운동의 부상을 주장했다. 그러나 이러한 이론적 획일화는 독일 반핵운동의 특수성을 전혀 설명하지 못했다.

국제적으로 비교해 봐도 독일의 반핵운동은 1975년 빌 사태부터 1986년 체르노빌 사태까지 이어진 초장수 운동이었고, 규모와 격렬함에서 68학생운동의 모든 시위를 넘어서는 운동이었으며, 참여자의 사회계층적 다양성이나 자연과학과 사회과학의 경계를 가로지르는 높은 수준의 논리·스펙트럼 면에서도 유례를 찾기 힘든 운동이었다. 무엇보다 라트카우는 반핵운동이 포스트물질주의적 가치가 아니라 건강, 안전 그리고 에너지 생산을 위한 공공 지원의 적절한 역할이라는 매우 현실적인 가치에 관한 것이었다는 점에서 신사회운동 이론을 반박했다.

아이러니하게도 독일 반핵운동의 특수성에 대한 설득력 있는 설명은 현재까지도 찾아보기 어렵다. 오랫동안 반핵운동에 대한 국제 비교 연구를 진행한 독일의 사회학자 디터 루흐트(Dieter Rucht)의 '독일적 불안' 테제가 널리 수용되긴 하지만, 대체로 이조차도 좀 더 철저한 트랜스내셔널 비교를 통해서만 제대로 규명될 수 있다는 원론적 주장만 되풀이되고 있다. 라트카우 역시 이 문제에 대해 명쾌한 해답을 내놓지는 못했다. 그럼에도 68운동이나 서독 민주주의의 성공과 같은 익숙한 틀 대신 핵경제계 내부 담론으로부터 반핵운동의 부상을 설명하는 방식을 택해 양 진영 모두가 공감할 수 있는 독특한 이야기를 완성한 것만큼은 분명해 보인다.

'작은 결정들의 독재'

'작은 결정들의 독재'는 ≪독일 핵경제의 부상과 위기≫의 핵심을 압축한 표현으로, 책의 뒤표지에 실렸던 문구다. 애초에 독일의 핵 전문가들은 1960년대를 지배했던 미국의 경수로 모델이 인구 밀도가 높은 독일에는 적합하지 않다고 판단하고 좀 더 안전한 원자로를 개발하고자 했다. 독일 원자력위원회 내부에서는 우라늄 농축이 필요 없는 천연우라늄 원자로, 중수로 원자로 그리고 핵연료를 테니스공 크기의 구형 구조물에 담아 원자로의 압력용기를 채움으로써 노심 용융 사고의 가능성이 없고 방사성 물질 누출 위험이 적은 고온가스로를 뚜렷이 선호했다. 그럼에도 연방독일의 핵 역사에서 최종 결정은 에너지경제권에서 내려졌다. 초기의 다양한 원자로 모델은 경쟁에서 점차 밀려났고, 가장 저렴하고 가장 먼저 시험해 봤다는 이유에서 경수로 원자력 발전소들이 1973년 오일쇼크를 등에 업고 연이어 건립되었다.

흥미롭게도 라트카우가 '작은 결정들의 독재'를 말하는 이유는 다른 데 있다. 독일에서 경수로 원자력 발전소라는 경로를 최종 결정한 것은 에너지경제계가 맞지만, 문제는 이들이 사실 핵에너지에 별다른 관심이 없었고, 경제성 때문에 미국형 원전을 건립했을 때조차 그랬다는 데 있다. 1960년대 에너지경제계는 화력 발전소만으로 충분히 이윤을 내고 있었고, 석탄 고갈 후의 미래 에너지원으로도 원자력보다 수력을 더 주목했기 때문이다.

특히 독일 최대의 에너지기업 RWE 내부에는 실제 사용 경험이 없는 핵에너지의 경제성에 대한 의구심이 만연했다. 카를스루에(Karlsruhe) 핵연구소가 추진한 핵연료 재처리 시설은 '가장 미움받는' 프로젝트란 오명을 얻었고, 고를레벤(Gorleben)의 핵연료 재처리 시설 반대운동이 성공한 뒤 막후에서는 반핵운동에 감사해야 한다는 소리가 들릴 정도였다. 라트카우는 ≪독일 핵경제의 부상과 위기≫에서 이러한 기묘한 상황을 "저항운동과 에너지경제계의 객관적 이해 사이에 존재했던 비밀스러우면서도 관여자 대부분은 의식하지 못했던 일치야말로 이 이야기의 가장 큰 아이러니"라고 요약했다.

결국 독일의 원전 건립은 국가와 에너지경제계의 긴밀한 협의 속에 정부 프로그램이나 정책적 결정에 의해 주도

면밀하게 추진되었다기보다 “참여자들조차 점차적으로만 선명하게 깨닫게 된” 지그재그 과정을 통해 이루어졌다. 독일의 원전 건립 과정은 전문 지식이 확산하고 그에 따른 의도치 않은 시너지 효과가 수시로 발생하면서 그 누구도 직접 책임을 질 수 없는 장기적 경로가 결정되어 버리는 근대 사회의 근본적 취약점을 선명하게 보여 준다.

더욱이 일단 수십억 단위의 경수로 투자가 실행되자 최악의 리스크에 대한 논의를 포함해 전문가 주도의 담론은 극도로 위축되었다. 이후 담론의 주도권이 1950년대 군사적 핵기술 발선으로 인해 극도로 민감해진 비판적 공중에게 넘어간 것은 당연한 귀결이었다. 요컨대 비판 여론에 대한 핵기술 엘리트 집단의 소통 거부와 전문가 담론의 공백이 압도적 규모의 반핵운동을 격발했다.

≪독일 핵경제의 부상과 몰락≫은 독일 원자력이 막다른 골목에 몰려 괴사할 수밖에 없었던 또 다른 원인을 명료하게 설명한다. 다양한 원자로 모델을 개발하기 위해 여러 값비싼 실험이 경쟁적으로 진행된 상황이나 연방과 주 사이 벌어진 주도권 싸움에서 뚜렷이 나타난 전반적 제어력 결핍이 그것이다. 심지어 원자로 운영자 측의 원자로 안전 규정 위반 행태에 대해서조차 통제력이 제대로 행사되지 못했다.

반핵운동 측의 '국가독점자본주의의 악귀'라는 비판과 달리, 거의 명예직으로 채워진 독일 원자력위원회의 조직 수준은 열악했다. 독일 원자력위원회는 정보에 어두운 여러 위원회들이 무질서하게 뒤엉킨 우산 조직에 불과했다. 핵기술 활용에 적극적이었던 산업계 즉 에너지경제계, 화학산업계, 전기기술계와 개발 단계의 원자로 소재지로서 그에 대한 규제·자문 기관 역할을 수행한 대규모 기관들, 특히 원자력부, 내무부, 원자로안전위원회 사이의 이해 갈등도 전체적인 제어력 결핍에 한몫했다. 라트카우는 이에 대해 "독일 연방주의가 본(Bonn) 정부의 친원자력 정책이 효과를 발휘할 수 없게 막았다"고 서술했는데, 기실 연방주의적 체제야말로 독일의 가장 뚜렷한 역사적 특수성이라 할 수 있다. 작은 결정들의 독재는 이처럼 그 누구도 쉽사리 제어력을 행사할 수 없는 연방주의적 환경 속에서 결정적 힘을 발휘할 수 있었다.

작은 결정들의 독재에서 핵민주주의로

독일 못지않게 격렬한 반핵운동이 전개된 프랑스를 비롯해 미국이나 일본과 비교해 보아도 독일의 반핵운동은 그

집요함, 기간, 강도, 정치적 영향력 면에서 특이했다. 무엇보다 독일의 반핵운동은 녹색당의 승리로 귀결되었다. 그럼에도 라트카우는 반핵운동과 68학생운동을 직선으로 연결하는 데 신중하다. 결과적으로 수많은 68운동가들이 반핵운동에 뛰어들어 이를 언론·정치·학문과 연결한 것이나 독일 녹색당이 반핵운동을 직접적 자양분으로 삼아 성장한 것은 사실이다. 1970년대 말 녹색당의 모집단이 형성될 때 원전에 대한 찬성 여부가 녹색당 소속을 결정짓는 기준으로 작용했고, 1979년 3월 프랑크푸르트의 녹색당 창당과 거의 동시에 10만 시위대가 하노버에 결집하면서 독일의 반핵운동은 절정에 달했다.

그러나 라트카우는 독일의 반핵운동이 1970년대 전투적인 운동 단계를 거치며 소강상태에 빠졌다가 체르노빌 사태 이후 돌연 새로이 강력한 부력을 얻었다는 사실을 소환한다. 서독 언론에서 대서특필했던 1981년의 브로크도르프(Brokdorf) 전투는 운동의 정점이 아니라 침체를 역설적으로 보여 준 몸부림에 가까웠다. 당시 폭력 사태는 반핵운동 내부의 전투적인 K그룹이 주도했는데, 많은 이들에게 폭력은 이미 역효과를 내고 있었다. 라트카우는 체르노빌 사태 이후 반핵운동을 소생시킨 힘은 불안이 아니라 전투적 운동이 불필요해 보일 정도로 폭넓게 형성된 반핵 합의와 정보의 결합이 만들어 냈다고 역설한다.

또한 라트카우는 녹색당의 68세대가 처음부터 반핵운동의 선봉장 역할을 담당한 것은 아니었다는 사실도 지적한다. 68세대를 비롯한 소위 진보적 지식인들 역시 과학에 기초한 생산력 제고와 사회 발전을 지지하는 네오마르크스주의적 시각에서 원자력에 열광했다. 68세대는 1975년 빌 반핵운동이 대중운동으로 전환한 뒤에야 원자력 비판에 나서기 시작했다.

이후 반핵운동은 대규모 시위, 경찰 대치, 점거, 진영 논리, 대자본, 정부 관료주의, 학문적 권위에 대한 반항과 같은 전형적인 68운동 방식을 수용했다. 특히 마오주의를 추종하는 신좌파로 분류되었던 68세력이 경찰과의 대치 전략을 주도했다. 원전 건립 후보지들이 대체로 외딴 시골이었기에 이들은 농민과의 연대를 강조하는 마오주의에 기대어 농민 보호를 앞세우는 반핵운동에 전력했다.

반핵운동은 일반적으로 그 자체로 '대안적'이라고 여겨지지만, 라트카우는 과연 운동의 전성기에 미래를 위한 명확한 비전이 있었는지, 운동의 대안적 미래 에너지는 무엇이었는지 되묻는다. 라트카우에 따르면 "원자력? 사양합니다!"라는 스티커 위에 빛나고 있는 태양은 태양에너지의 상징이 아니라, 당시 기후학자들이 새로운 빙하기의 도래를 예언하던 상황에서 기후위기에 대한 경고가 핵 로비의 으뜸 패로 작용할 수 있다는 우려에서 나온 상징이었다.

현재까지도 사료 연구에 기반한 반핵운동 내부의 역사는 쓰이지 않았다. 이 역사는 핵경제의 역사보다 사료에 기초해 탐구하기가 훨씬 어려운 주제이기 때문이다. 라트카우는 반핵운동의 내밀한 역사가 쓰이기까지 아주 오랜 시간이 걸릴 것이라고 예견한다.

참고문헌

Radkau, J.(1983). *Aufstieg und Krise der deutschen Atomwirtschaft 1945–1975.* Hamburg: Rowohlt Taschenbuch Verlag.

Radkau, J. & Hahn, L.(2013). *Aufstieg und Fall der deutschen Atomwirtschaft.* München: Oekom Verlag.

Uekötter, F.(2011). *Am Ende der Gewissheiten: Die Ökologische Frage im 21. Jahrhundert.* Frankfurt am Main & New York: Campus Verlag.

Uekötter, F.(2022). *Atomare Demokratie: Eine Geschichte der Kernenergie in Deutschland.* Stuttgart: Franz Steiner Verlag.

02
나무

일찍이 독일의 경제사회학자 베르너 좀바르트는 구석기 시대부터 1800년대까지를 '나무 시대'로 일컬었다. 산업화 이전 세계의 근간을 이룬 내적 통일성을 목재 문화에서 발견했기 때문이다. 라트카우는 좀바르트의 통찰력을 회전판으로 삼아 나무와 숲을 독일 환경사의 중심 화두로 만들었다. 그 중심에는 라트카우가 촉발한 '목재난' 논쟁이 있었다.

근세 목재난 논쟁

세계적으로 유명한 독일사의 특수경로(Sonderweg) 논쟁에 비하면 1990년대 목재난(Holznot) 논쟁의 의미는 환경사학계 바깥에서 제대로 상고된 적이 없다. 그러나 목재난 논쟁은 비단 환경사의 연구 주제 확대만이 아니라 실증사학의 극복에도 크게 기여했다. 무엇보다 목재난 논쟁의 중요한 공헌은 그 미래지향적 함의에 있다. 오늘날 기후위기 시대에 숲과 나무는 가장 손쉬우면서도 효과적인 기후 대응책으로서 그 가치를 다시 인정받고 있다. 인간 사회와 숲 사이의 복잡한 상호작용에 대해 치밀하게 상고하기 시작한 것이야말로 1990년대를 달군 목재난 논쟁이 거둔 가장 유의미한 수확이라 평가할 수 있다.

'나무 부족'에 대한 경고와 탄식은 16세기부터 19세기 초까지 특히 중부 유럽의 산림청 사료와 숲에 관한 거의 모든 기록을 도배하다시피 뒤덮은 지배적 목소리였다. 이러한 압도적인 사료적 토대 위에서 임학자들은 오랫동안 근세 목재난을 기정사실로 받아들이고 당시 숲의 상태가 목재 수요의 폭발로 심각한 생태적 위기에 처해 있었다고 결론지었다. 그나마 숲이 완전히 붕괴하지 않았던 것은 '탐욕스러운 농민들'로부터 숲을 지켜 낸 산림행정과 산림관 덕분이었다고 보았다. 그러나 라트카우의 1983년 논문 "18세기 나무 부족과 위기의식(Holzverknappung und Krisenbewußtsein im 18. Jahrhundert)"이 이러한 고전적 상식에 정면으로 의문을 제기하면서, 확고한 역사적 사실로 통했던 근세의 목재난은 단숨에 격렬한 논쟁의 대상이 되었다.

나무 부족에 대한 근심은 중세부터 끊이지 않았지만, 그것이 아우성 수준으로 커지기 시작한 시점은 대서양 시대의 개막과 함께 목재를 활용한 각종 제조업, 건축업, 제염업, 노공업, 광산업, 제철업, 선박제조업이 활기를 띠기 시작한 16세기 이후였다. 16세기는 삼림 규정의 시대였다. 로마법을 내세워 산림 주권을 회복한 중서유럽의 제후와 군주들이 전례 없는 수준으로 숲과 권력을 결합하기 시작한 것이다. 이들이 숲의 효율적 관리를 위해 임명한 산림감독원은 농민들을 '숲의 거머리'라고 부르며 숲의 황폐화와 목재난을 촉발한 주범으로 몰아갔다. 숲의 성장은 안중에도 없이 장작용 나무를 남벌하고 가축 사료 확보나 숯 장사에만 몰두한다는 이유에서였다.

그러나 정작 목재 수요의 폭증을 유발해 숲의 황폐화를 악화시킨 장본인은 당시 부상하기 시작한 절대왕정이라는 근대국가 자체였다. 국가의 끝없는 자본 수요를 충족하기 위해서 앞다퉈 중상주의 정책을 펼친 절대군주들에게 식민지 팽창과 해외무역 경쟁을 주도할 선박, 특히 전함 건조와 왕가의 자금을 조달하는 주요 수단이었던 광산이나 제철소를 위한 목재 확보는 매우 중요했다. 당시 제염소와 제철소는 목재를 가장 많이 소비한 업체였다. 그에 반해 근세의 일반인 대부분은 여전히 주로 농업을 생업으로 삼았으며, 부업으로 운송업과 광업에 종사했다. 그들에게 목재의 대량 공급은 그리 중요한 문제가 아니었다. 땔감 마련을 위한 농민들의 벌목을 통제하고 처벌하려는 삼림 규정과 삼림감독관이 곳곳에서 갈등을 낳은 것은 당연한 후폭풍이었다.

상황의 구조가 그러했다면, 산림관청과 궁정 고문관들의 기록에서 넘쳐 나는 나무 부족에 대한 아우성을 곧이곧대로 받아들이는 것은 너무 순진한 해석이 아닐까? 이러한 종류의 사료에서는 통치자의 입김을 좀 더 많이 고려해야 하지 않을까? 사료에서 침묵하는 평범한 농민들의 목소리에도 역사학자는 귀를 기울여야 하지 않을까? 결국 라트카우가 기존의 임업사적 해석에서 문제 삼은 것은 바로 오랜 역사주의적 사료 해석 방법, 즉 사료를 역사적 진실을 담고 있는 신의 상형문자로 대하는 태도였다. 그 대신 라트카우는 삼림 조례와 삼림청 기록들을 서로 다른 이해관계들이 첨예하게 맞붙은 장으로 보고 담론 분석적 접근을 주문했다. 즉 이들 사료에 기술된 참혹한 수림 상태나 나무 부족을 당시 현실을 곧바로 들여다보는 창구가 아니라 산림 조례를 통한 숲의 사용 규제, 국가의 산림·목재 독점, 신민들에 대한 통치를 강화하고 정당화하기 위한 지배자들의 '예비 교육적 차원의 수사'로 보아야 한다고 주장했다.

라트카우의 시선으로 당시 삼림청 기록을 읽자면, 수많은 지역에서 탄식했던 목재난은 수입원 확대와 영토 지배 확장에 골몰한 제후 정부나 절대군주의 관점에서만 존재하는 문제였을 뿐이다. 라트카우는 근세의 목재난을 생태학적 위기가 아니라 지배계급의 이해관계가 초래한 제도적 위기로 진단해 학계에 충격을 주었다. 18세기 초 훈스뤼크(Hunsrück)과 아이펠(Eifel) 산맥 지대의 숲 관련 자료들을 분석한 크리스토프 에른스트(Christoph Ernst)의 ≪숲의 개발(Den Wald entwickeln)≫(2000)은 라트카우의 이러한 도발적 주장을 실증적으로 입증한 대표적 연구서다. 이 연구서에 따르면 당시 목재난에 대한 탄식이 전혀 근거가 없지는 않았지만, 이 지역에서 목재난이라 할 만한 목재 공급 위기는 없었다.

목재난 논쟁의 열기는 이러한 실증 연구의 양산을 이끌었다. 그에 비해 목재난 논쟁에서 특별히 주목받지는 못했지만, 라트카우는 생태사적 차원에서 흥미로운 해석을 제시했다. 바로 베르너 좀바르트(Werner Sombart)의 '나무시대' 테제를 곱씹으며 목재난이 일반 위기 수준으로 비화하기 어려웠던 근본적 이유를 꿰뚫어 본 것이다. 그 이유란 산업화 이전 사회의 유일한 에너지원이었던 목재가 지닌 탈중심적 에너지 구조다. 숲은 석탄과 달리 전국에 산재하기 때문에, 숲을 불가역적으로 황폐화할 정도로 목재 소비가 폭발하기 위해서는 우선 운송 문제가 획기적으로 해결되어야 한다. 따라서 근세의 아우성을 낳은 목재난은 대체로 운송 문제로 인한 것이었다. 나무의 최대 소비자인 제철업이나 광산업 역시 동일한 이유에서 대규모로 성장할 수 없었다. 이러한 근본 조건에 더해 신대륙발 은의 대규모 유입과 제한된 목재 자원을 놓고 꾸준히 이어진 지역민들과의 갈등은 16세기 광산업의 몰락을 앞당긴 방아쇠 역할을 했다.

나무 부족이 과연 실재했는지에 대한 '신앙고백적' 질문을 놓고 임학사학자와 환경사학자가 첨예하게 대치하던 목재난 논쟁은 1990년대 중반부터 절충적 합의에 근접했다. 지역사적 실증 연구가 진행될수록 근세 목재난의 실상이 훨씬 복잡한 양태로 드러나면서 양자택일식의 결론이 무의미해졌기 때문이다. 우선 논쟁을 촉발했던 라트카우

스스로가 이후 저작들에서 산업화 이전의 목재난에 대해 상당히 중재적인 입장으로 돌아서는 모습을 보였다. 즉 목재난이 실제 현상이 아니라 목재 독점을 위한 지배층의 선전 수사학에 불과했음을 주로 강조하던 종전의 입장을 벗어나, 18세기 말엽에는 숲 경제가 실제로 전반적 위기를 맞았다는 사실을 인정하거나 그 전부터 목재난으로 고통받았던 지역 사례들을 적극 언급하는 등 변화를 보였다.

지속가능한 숲과 권력

목재난 논쟁의 끄트머리에서 라트카우는 ≪나무: 자연재가 역사를 쓰는 법(Holz: Wie ein Naturstoff Geschichte schreibt)≫(2007)을 출간한다. 이 책은 대표작 ≪자연과 권력≫(2000)의 마중물이 되었던 여러 연구 성과를 포함해서 20년 넘게 진행된 목재난 논쟁을 결산했다. 라트카우가 "환경사에서 유럽이 걸어온 특수한 길"로 규정한, 중서부 유럽에서 두드러진 숲과 권력의 결합은 ≪자연과 권력≫의 핵심 주제 중 하나였다. 이는 전적으로 오랜 목재난 연구의 소산이었다.

18세기 초 독일에서 시작된 지속가능한 숲을 위한 과학적 연구와 이에 기반한 일련의 삼림 개혁은 숲의 역사에서 분명 새로운 시작이었다. 목재난의 가장 큰 원인이었던 운송 문제가 획기적으로 해결되지 않았음에도 19세기에 들어 나무 부족에 대한 탄식이 급격히 사라진 이유가 여기 있었다. 나중에 라트카우도 인정했듯 18세기의 경제 성장은 목재난을 위기 수준으로 치닫게 했고, 벌목 통제와 처벌에 주안점을 둔 16세기 삼림 규정은 한계에 봉착했다. 지속가능한 숲을 위한 식목은 16세기 삼림 규정의 시대에 낯선 처방이었다.

통제에서 보존으로 나아간 삼림 정책의 기조 변화는 독일 임학의 선구자로 평가받는 한스 카를 폰 카를로비츠(Hans Carl von Carlowitz)가 창시한 숲의 '지속가능한 이용(nachhaltige Nutzung)' 개념과 함께 시작되었다. 이 개념이 처음 제시된 책 ≪산림경제(Sylvicultura Oeconomica)≫(1713)의 표제가 말해 주듯, 그것은 생태 보존에 대한 관심이 아니라 경제적 환금성의 중요성에 대한 인식에서 나온 발상이었다. ≪산림경제≫에서 "지속가능한 이용"이란 표현이 딱 한 번 등장하는 반면 "목재난"은 60회 가까이 언급되는 이유다. 카를로비츠가 제시한 지속가능성의 원칙이란 곧 "영속적이고 지속적인 이용이 가능하도록 식목해야 한다"였는데, 그 핵심에는 수익용 목재 생산이 있었다.

이러한 맥락에서 카를로비츠의 지속가능한 숲이 침엽수 단종 수목의 고목림 사업으로 실현되는 것은 정해진 시나리오나 다름없었다. 18세기의 세계대전이라 불리는 7년 전쟁이 끝난 후 프리드리히 대왕은 심각한 재정 위기를 타개하기 위해 혼성 임업 금지와 같은 새로운 삼림 정책을 시행했고, 카를로비츠의 후학들은 1800년대 임업 개혁을 통해 독일 숲의 경관을 바꾸었다. 숲의 계량화에 기초해 일반조례를 만든 게오르크 루트비히 하르티히(Georg Ludwig Hartig)와 과학적 조림을 선구적으로 시작한 요한 하인리히 코타(Johann Heinrich Cotta) 모두 열렬한 침엽수 고목림의 옹호자였다.

지속가능한 임업을 실현하기 위해서는 적정 벌목량을 정확히 측정할 필요가 있었는데, 이는 활엽수림이나 혼성 임업으로는 할 수 없는 일이었다. 윤벌 기간이 길어 단기적 이익 실현에 불리한 침엽수 단일 수종의 고목림 조성에서 국가의 강력한 의지는 매우 중요한 요소였다. 따라서 하르티히와 코타는 하나같이 국가주의 사상에 투철했는데, 특히 하르티히는 국가만이 영원히 숲의 관리자가 될 수 있다는 주장을 펼쳤다.

그러나 라트카우는 권력을 국가에만 한정 짓지 않고 아래로부터 행사되는 권력 차원에 착목하면서 유럽의 진짜 특수성은 바로 여기에 있다고 역설한다. 원시림이 풍부한 아메리카, 아프리카, 호주와 비교해도 놀랍도록 안정적인 유럽의 생태 환경은 연중 고른 강수량과 같은 자연조건의 선물이기도 하지만, 종국적으로는 자연조건과 사회적 조건이 함께 만들어 낸 결과물이었다.

유럽 사회는 숲의 역사가 말해 주듯 환경문제에 대한 해법을 제도적 차원, 즉 분권적 구조와 법체계, 공익 개념에 기초한 사법화, 의사소통의 강화 과정에서 찾는 길을 선택했다. 삼림 이용의 법제화는 본래 목재의 최대 소비자인 상부 권력층의 이익을 수호하기 위한 것이었지만, 일단 법제적 틀이 마련되자 숲의 공동 이용자들 역시 이를 사용해 더 효율적으로 자신의 전통적 삼림권을 보호할 수 있었다. 무엇보다 여전히 사람들이 생활 대부분을 숲에 의존해야 했던 나무 시대에 숲의 보호는 사회 안정과 직결되었다. 따라서 일반 위기 수준의 목재난은 지배자의 입장에서도 용납하기 힘들었다. 이는 특히 분권적 권력 구조의 전통하에서 지역마다 숲의 공동 이용권에 대한 전통적 인식과 관행이 오래도록 강하게 살아남았던 독일에서 두드러졌다. 라트카우는 바로 이 과정에서 근대적 환경의식의 전신으로서 삼림의식이 각별히 강화되었다고 강조한다.

"제도만이 여러 환경문제들의 만성적 성격에 부합하는

지속력을 가질 수 있다"고 외치는 라트카우는 분명 제도학파의 유럽중심주의를 답습할 가능성이 있다. 하지만 제도에 대한 라트카우의 강한 신뢰는 지역 차원에서 이해 당사자들이 제도적·사법적 틀 속에서 자신의 이용권을 위해 경쟁할 때 환경문제가 가장 잘 해결되어 왔다는 역사적 고찰에 기반한다. 이권 투쟁과 가치 충돌이 갈수록 격화하면서 지속가능성이란 목표로 나아갈 길을 찾기 어려워진 오늘날, 라트카우가 역사적 경험을 토대로 제시하는 지역적·분권적·제도적 해법은 각별한 울림을 준다.

참고문헌

Ernst, C.(2000). *Den Wald entwickeln: Ein Politik- und Konfliktfeld in Hunsrück und Eifel im 18. Jahrhundert.* München: Oldenbourg.

Radkau, J.(1983). Holzverknappung und Krisenbewußtsein im 18. Jahrhundert. *Geschichte und Gesellschaft, 9*(4), pp. 513-543.

Radkau, J.(2000). *Natur und Macht: Eine Weltgeschichte der Umwelt.* München: C.H.Beck. 이영희 옮김(2012). ≪자연과 권력: 인간과 자연, 갈등과 개입 그리고 화해의 역사≫. 사이언스북스.

Radkau, J.(2007). *Holz: Wie ein Naturstoff Geschichte schreibt.* München: Oekom Verlag. 서정일 옮김(2013). ≪나무時代: 숲과 나무의 문화사≫. 자연과생태.

Uekötter, F.(2020). *Im Strudel: Eine Umweltgeschichte der modernen Welt.* Frankfurt & New York: Campus Verlag.

03
교육

연구대학 전통이 유독 강한 독일에서 라트카우는 역사학자로서 다소 특이한 경력을 갖고 있다. 함부르크의 한 여자고등학교에서 강의를 시작했고, 박사 학위 취득 후 첫 임용도 베스트팔렌-리페교육대학에서 이루어졌다. 1980년 교육대학이 빌레펠트대학교에 통폐합되고 나서도 라트카우는 줄곧 교육대학 교수 출신이라는 꼬리표를 달고 여러 제약 조건을 견뎌야 했다. 하지만 그 덕에 다른 역사학자들에게서는 찾아보기 어려운 교육에 대한 열정과 철학을 발전시킬 수 있었다.

역사교육, 답사, 사료 연습

역사교육학과가 별도로 존재하기에 국내 사학계에서 역사교육은 사학자들의 일차적 관심 영역이 아니다. 베스트팔렌-리페교육대학을 흡수한 빌레펠트대학교는 역사교육을 사학과 내에 통합하고 있지만 사정은 한국의 대학교들과 크게 다르지 않다. 라트카우는 교육대학 출신 교수라는 특별한 지위 때문에 사학과로 바로 임용된 교수들과 달리 몇 가지 차별적인 의무 조항을 이행해야 했다. 역사교육 관련 수업 개설, 답사 활동, 연습 수업(Übungen) 담당 등이 그것이다.

특히 시간 소모가 큰 답사 같은 과외 활동에 관심을 갖고 정기적으로 참여하는 교수는 학문적 명성이 높고 교외 활동이 많을수록 찾아보기 힘들다. 그러나 라트카우는 성가시다고 여길 수도 있는 답사 활동을 오히려 특별한 영감의 원천으로 삼았다. 2023년 빌레펠트대학교에서 열린 80세 기념 컬로퀴엄 강좌에서 라트카우는 역사교육을 자신의 학문 인생에서 가장 중요한 활동 중 하나로 꼽았다. 특히 1974년부터 30년간 진행했던 정기 답사 활동이야말로 늘 천둥 번개 같은 깨달음, 놀라움, 수수께끼의 소용돌이를 만들어 준 연구의 활력소였다고 회고했다.

답사에 대한 라트카우의 각별한 열정은 이론보다 실행을 중시하는 그의 역사관과, 역사는 결코 책에서 배울 수 없고 발견의 기쁨으로 가득한 하이킹과 같아야 한다는 그의 교육철학에서 비롯되었다. 라트카우에게 역사란 경직되거나 추상적이어서는 안 되고, 형형색색의 다양한 형태로 볼 수 있고 생생하게 경험되어야 할 무엇이다. 이러한 라트카우의 역사관과 교육철학은 다시금 오랜 답사 경험을 통해 공고해지는 선순환을 거쳤다.

무엇보다 라트카우에게 답사 활동은 환경사에 대한 학문적 관심을 발전시키는 중요한 계기가 되었다. 책 속에서는 종종 모호하게 정의될 수밖에 없는 환경 개념을 인간 삶과 직접 결합한 형태로서 구체적으로 관찰할 수 있게 했고, 과거사를 환경의 관점에서 새로이 해석하는 데 영감을 주었기 때문이다. 라트카우의 답사 활동은 오랜 동료 베른트 하이(Bernd Hey)와 함께 1996년부터 세 차례에 걸쳐 작성한 루마니아의 지벤뷔르겐(Siebenbürgen) 답사 보고서가 현지 매체에서까지 비상한 주목을 받으면서 정점을 찍었다.

그러나 교육자로서 라트카우가 가장 심혈을 기울인 활동은 연습 수업이었다. 독일 대학의 사학과 커리큘럼에서 연습 수업은 매우 중요한 기초 훈련을 제공하지만, 세부 주제에 대해 심층 토론하는 세미나를 준비하거나 보조하기 위한 수업이기에 대개 조교나 강사가 진행한다. 국내의 사료 강독 수업과 유사해 보일 수 있지만, 일차 사료와 이차 문헌 모두를 연습 대상으로 삼기에 훨씬 포괄적이다. 연습 수업에서 학생들은 문헌 비판을 통해 역사를 해석하는 훈련을 집중적으로 수행한다. 베스트팔렌-리페교육대학은 연습 수업을 필수 교과목으로 지정할 만큼 중시했다.

라트카우 역시 연습 수업이 역사학자의 훈련에 핵심적이라는 생각에서 은퇴 직전까지 자진해서 연습 수업을 직접 챙겼다. 1970년대 독일 역사교육계를 지배했던 사회과학적 교수법 이론에 교육대학 시절부터 강한 의구심을 품었던 라트카우는 연습 수업을 통해 역사학의 활용(Praxis)에 초점을 맞추고 학생들의 인지적 경험을 중시하는 역사교육을 지향했다.

라트카우에게 연습 수업은 모든 역사학자의 최고 덕목인 '아드 폰테스(ad fontes)'를 위한 훈련장이었다. '근본으로 돌아가라'라는 뜻의 라틴어 아드 폰테스는 에라스무스(Erasmus)의 좌우명으로 잘 알려져 있지만, 역사학자에게는 사료로 돌아가라는 의미로 통한다. 라트카우는 학생들에게 역사학적 판단이 모든 이론, 학설, 가치에 앞서 사료에 기초해 이루어져야 한다는 원칙을 일방적으로 강조하기보다는 자신의 풍부한 사료 탐구 경험을 활용해 생생한 동기 부여를 제공했다. 핵 연구에서 인물 전기에 이르기까지 이 책에서 살펴보는 라트카우의 모든 연구는 사료보관소에서 탄생했다. 독일 전역의 사료보관소를 뒤지며 당시 사회와 학계에서 영향력 있는 선험적 가정, 통념, 기정사실, 관행으로 통하던 모든 것과 학문적으로 싸웠던 라트카우의 경험은 연습 수업에서 사료와 씨름하는 학생들에게 말 그대로 '선도적 학습자(lead learner)'의 효과를 발휘할 수 있었다.

역사교육서 집필 활동

라트카우는 역사교육을 위한 집필 활동에도 열정적이었다. 베스트팔렌-리페교육대학 시절에 종합학교(Gesamtschule) 교사인 부인 오를린데 라트카우(Orlinde Radkau)와 함께 역사학 입문서 격인 ≪역사학 실행: 역사적 관심의 방향 상실(Praxis der Geschichtswissenschaft: Die Desorientiertheit des historischen Interesses)≫(1972)을 출간한 것을 시작으로 꾸준히 역사교육 관련 논문과 교재를 집필했다. 이 대목에서 한 가지 강조하자면, 라트카우 부인은 라트카우가 후일 환경사학자로 거듭나는 데 길잡이 역을

했다. 특히 라트카우는 라트카우 부인이 자연을 추상적 단수형이 아니라 구체적 복수형으로 재발견하는 데 결정적 자극을 주었다고 수차례 공식적으로 고백했다.

≪역사학 실행≫은 라트카우의 연구서 가운데 유일하게 실제 역사에 대한 서술이 아니라 추상적인 역사이념을 논한 책이다. 1년 뒤 ≪메타역사(Metahistory)≫를 출간하면서 전 세계에 '언어적 전환'을 선포한 헤이든 화이트(Hayden White)가 이 책을 두고 니체의 ≪인생에 대한 역사의 유용함과 해로움≫의 개정판 같다고 호평한 것은 우연이 아니다. 실증주의를 내세우면서도 실제로는 역사적 지식에 대한 직관적 '이해(Verstehen)' 중심 접근이나 '주도 이념(Leitidee)'과 같은 신비스러운 원칙들에 매달렸던 랑케를 위시한 근대 역사 이념의 모순과 방향 상실을 논의했다는 점에서 화이트의 문제의식과 궤를 같이했기 때문이다. 또한 ≪역사학 실행≫은 근대 역사 이념을 이론적 논의의 대상으로만 삼기보다는 프로이트의 '쾌락 원칙(Lustprinzip)'에 따라 역사학자들의 욕망의 산물, 즉 역사학의 리비도로 분석했다. 이로써 역사 서술에서의 주관성 문제를 정면으로 제기했다는 점에서도 화이트의 메타히스토리와 뚜렷한 접점을 보여 준다.

라트카우 부부는 역사학 실행을 재구성하는 새로운 방

향을 24개 테제로 제시했다. 그러나 ≪역사학 실행≫의 백미는 따로 있다. 바로 근대 역사학이 과거 사실에 대한 독점적 해석 권위를 구축하는 과정에서 주조해 낸 수많은 역사학적 범주(topoi)의 허구성을 하나씩 논파하는 부분이다. 역사의 흥망 법칙과 기원에 대한 집착, 역사의 연속성 그리고 과거 속의 현재와 현재 속의 과거에 대한 믿음, 오래된 것에 대한 애착, 역사를 수수께끼로 미화하는 관행, 사료에 대한 물신숭배적 전통 등 부부가 열거한 토포이는 현재까지도 쉽사리 사라지지 않고 통용되며 역사 서술의 실행을 지배하고 있다.

특히 역사학도나 역사학자라면 사료를 떠나서 역사를 생각할 수 없는 만큼 비판적 사료 분석은 역사학의 절대 명제다. 라트카우는 누구보다 아드 폰테스 원칙의 열렬한 신봉자이지만, 목재난 논쟁에서 그랬듯 사료 숭배자가 되지는 않았다. 우리는 ≪역사학 실행≫에서 진정한 '근대적' 역사 서술의 실행이란 무엇일지 생각하게 하는 다양한 자극과 더불어 라트카우 역사교육관의 근원적 출발점을 접할 수 있다.

이후 라트카우는 김나지움 고학년용 역사교재를 세 권 집필했다. ≪국가사회주의와 파시즘(Nationalsozialismus und Faschismus)≫(1976, 베른트 하이와 공저), ≪전쟁과 평화(Krieg und Frieden)≫(1985), ≪역사 속 인간과 자연(Mensch und Natur in der Geschichte)≫(2002)이 그것이다. ≪전쟁과 평화≫는 1980년대 군비 경쟁이 격화하는 가운데 평화교육을 위해 집필된 교재이나, 고르바초프 시대의 동서 긴장 완화와 독일 재통일의 물결 속에서 10여 년 만에 절판되었다.

세 권 중 현재까지도 개정판이 출간되고 가장 판매 부수가 많은 교재는 ≪국가사회주의와 파시즘≫이다. 학생들의 토론 비중이 높은 김나지움 고학년 수업을 위한 교재이니만큼, 이 책은 나치즘을 설명하는 교과서가 아니라 자료집으로 설계되었다. 국내 수준에 비추어 보자면 대학원 독일사 수업을 위한 자료집으로도 손색없을 정도다. 여덟 가지 주제에 따라 다양한 일차 사료와 이차 문헌을 선별해 대비 구도로 싣고, 각 주제의 도입부에 짧은 설명을 덧붙였다. 영문 자료를 직접 독일어로 번역해 실었을 뿐 아니라, 해당 자료들을 읽고 학생들이 생각해 보아야 할 문제와 과제까지 일일이 기획했다. 국내 중등교육과정의 교과서 서술이 대개 일선 교사들에 의해 이루어지고 교수들은 감수·감독하는 수준에서 참여하는 것을 생각할 때 놀라운 교육 열정이라 하지 않을 수 없다.

≪역사 속 인간과 자연≫은 라트카우가 ≪자연과 권

력≫의 국제적 성공에 고무되어 '역사 수업의 녹색혁명'과 '환경교육의 역사화'를 목표로 쓴 교재다. 따라서 환경사학자로서 거는 기대가 가장 컸다고 한다. 이듬해에는 독일의 대표적 역사교육 학술지인 ≪학문과 수업 속의 역사(Geschichte in Wissenschaft und Unterricht)≫에 녹색혁명을 위한 열 가지 테제까지 발표하는 의욕을 보였지만, 안타깝게도 ≪역사 속 인간과 자연≫은 김나지움 교재로서는 드물게 개정판도 못 내는 수모를 겪었다.

≪국가사회주의와 파시즘≫보다 주제 설명에 더 많은 공과 지면을 할애했지만, 환경사의 특성상 물·숲·공기 등의 다양한 환경문제를 다루면서 도시, 국경, 동서양 문화권을 넘나들며 식민주의와 에너지 문제까지 포괄하는 구성이 한눈에도 매우 복잡하고 혼란스럽게 다가온다. 그럼에도 190쪽이라는 비교적 적은 분량으로 글로벌 환경사의 주요 주제뿐 아니라 일차 사료와 이차 문헌을 모두 읽을 수 있는 책은 ≪역사 속 인간과 자연≫이 유일할 것이다. ≪역사 속 인간과 자연≫의 발행 부수만 놓고 판단하기는 조심스럽지만, 라트카우는 역사 수업의 녹색혁명이 아직도 일어나지 않았다고 말한다. 라트카우가 이 미완의 혁명을 완성하기 위해 여러 매체를 통해 환경교육 문제에 대해 지속적으로 목소리를 낼 것은 확실해 보인다.

참고문헌

Hey, B. & Radkau, J.(1976). *Nationalsozialismus und Faschismus*(Politische Weltkunde für das 11.–13. Schuljahr). Stuttgart: Ernst Klett.

Radkau, J.(2002). *Mensch und Natur in der Geschichte*(Historisch-Politische Weltkunde. Kursmaterialien Geschichte. Sekundarstuffe II/Kollegstufe). Stuttgart: Ernst Klett.

Radkau, J.(2003). Für eine grüne Revolution im Geschichtsunterricht – für eine Historisierung der Umwelterziehung. *Geschichte in Wissenschaft und Unterricht, 54*(11), pp. 644–657.

Radkau, J. & Radkau, O.(1972). *Praxis der Geschichtswissenschaft: Die Desorientiertheit des historischen Interesses.* Düsseldorf: Bertelsmann–Universitätsverlag.

White, H.(1975). *Praxis der Geschichtswissenschaft: Die Desorientiertheit des historischen Interesses.* By Joachim Radkau and Orline Radkau. *Journal of Modern History, 47*(3), pp. 540–542.

04
자연

빌레펠트학파에서는 환경사를 전체사회사의 한 분파쯤으로 여겼지만, 라트카우는 환경사야말로 시공간을 가로질러 편재해 온 인간과 환경의 변증법적 관계를 통해 역사의 숨은 동력인 자연을 드러내는 진정한 전체사라고 이해했다. 이 전체사가 자연사가 아니라 환경사여야 하는 이유는 역사가가 자연 그대로의 자연이 아니라 역사화된 자연을 사유할 때 비로소 자연을 역사적 행위자로 만들 수 있기 때문이다. 라트카우에게 자연은 인간의 다른 얼굴이다.

자연과 인간

라트카우는 빌레펠트대학교에서 열린 80세 기념 강연에서 40여 년에 걸친 자신의 학문 역정을 관통하는 핵심어로 자연을 꼽았다. ≪자연과 권력≫을 통해 라트카우를 알게 된 독자에게는 당연한 선택으로 보이겠지만, 정작 그 자신은 이러한 내적 통일성을 깨닫기가 쉽지 않았다고 한다.

라트카우의 자연관에서 가장 두드러지는 특징은 중세사학자 린 화이트(Lynn White Jr.)가 1967년 ≪사이언스(Science)≫에 발표한 이래 환경사학자들 사이에서 잠언처럼 인용되어 온 생태주의 수사학과 거리가 멀다는 점이다. 화이트는 땅을 정복하라는 구약의 명령에 따라 인류가 자연에 자행해 온 폭거의 역사를 인류사로 천명했다. 이후 화이트의 에세이는 잠바티스타 비코(Giambattista Vico)로 거슬러 올라가는 자연과 문화의 이분법적 이해, 환경사 서술에 만연한 소위 '내리막 서사(declensionist narrative)', 반(反)인간중심적인 환경근본주의 수사학이 합류하는 저수지 역할을 했다. 라트카우는 화이트식 접근이 인류의 절멸을 전제한 해법을 향할 수밖에 없다고 보며, 이러한 추상적이고 생태결정주의적인 거대 서사에 맞서 '호기심 가득하고 성찰적이며 인간친화적인 환경사'를 주창했다.

화이트가 보여 주듯 북미 환경사는 인구 밀도가 낮고 야생 지대가 넓게 분포하는 지리 조건 속에서 발전해, 생물중심적 관점에서 자연을 독자적 동인(agency)으로 파악하려는 경향이 강하다. 국내에도 잘 알려진 앨프리드 크로즈비(Alfred Crosby)나 윌리엄 하디 맥닐(William Hardy McNeill), 존 로버트 맥닐(John Robert McNeill) 부자의 연구를 보면 자연은 인간 활동의 상수적 배경이 아니라 오히려 인류사의 행방을 좌우해 온 진짜 주체에 가깝다. 크로즈비는 일찍이 "인간이란 가톨릭 신자, 자본가 혹은 그 외의 존재이기 이전에 생물학적 단위다"라는 유명한 언명을 통해 인간을 사회적 행위자에 앞서 생물학적 행위자로 정의했다.

반면 유럽의 환경사 연구는 야생 자연에 대한 관심도, 생물중심적 시각의 전통도 빈약하다. 그 대신 인간에 의한 자연 지배와 자연에 대한 인간의 종속성 사이 변증법적 긴장을 역사적으로 규명하는 데 집중해 왔다. 이러한 시각 차이는 라트카우의 ≪자연과 권력≫과 존 맥닐의 ≪20세기 환경의 역사(Something New Under the Sun: An Environmental History of the Twentieth-Century World)≫(2000)만 비교해 봐도 뚜렷하게 나타난다. 후자가 20세기의 자연환경 즉 토지, 물, 공기, 생물권의 시각에서 농경이 시작된 이래 인류사가 지속가능하지 않은 사회들에 점령당했다는 이유에서 '지속가능성'을 색인에서 제외한 데 반해, ≪자연과 권력≫은 오히려 권력과의 긴밀한 관계 속에서 작동해 온 지속가능성을 역사적으로 입증했다.

요컨대 라트카우의 자연은 역사와 권력에 의해 매개된 자연이다. 라트카우에게 자연은 자연보호주의자들이 흔히 주장하는 사람 손이 닿지 않은 동식물 세계도, 생태주의자들이 열광하는 자연 내부의 자율신경에 따라 운동하는 닫힌계도 아니다. 라트카우는 자연의 본질을 영구한 변화에서 찾으며, 인간의 개입이 파괴했다는 '영원한 조화'란 애초에 없었다고 못을 박는다. 자연이란 개념은 인간 경험을 포함할 때에만 장기적으로 유지될 수 있고, 생태계를 과학이 아니라 역사적 과정으로 이해할 때 자연은 비로소 역사적 행위자로 환생할 수 있다.

기후위기와 인류세의 도전

라트카우의 자연관은 다분히 환경주의적이다. 과연 그러한 관점은 21세기 기후위기 시대와 인류세에도 유효할까? 라트카우는 기후를 이제껏 논의되어 온 환경문제 가운데 가장 규모가 크고 까다로운 문제이자, 그 글로벌한 성격 탓에 인류에게 가장 위협적이지만 개관하거나 정치적으로 대응하기 가장 어려운 '아이러니한' 문제로 묘사했다. 무엇보다 글로벌을 넘어 지질적 규모에서 전개되는 기후변화는 본질적으로 인간중심적 환경 개념에 욱여넣기에 너무 거대하고 복잡한 문제다. 포스트식민주의자 차크라바르티는 최신작 ≪행성 시대 역사의 기후≫에서 행성적 차원을 글로벌 차원에 더해야 할 옥상층으로 전제하고, 양 차원의 불일치와 충돌에 입각한 '부정적 보편사'를 제안했다.

인류세가 기후위기 시대의 화두로 부상하면서 빅히스토리, 깊은 역사, 기후사와 같은 신생 역사학을 중심으로 비인간적 행위성(agency)을 인간적 주체성과 동등한 수준에서 파악하려는 움직임이 활발해지고 있다. 이 역시 라트카우의 자연관에 역행한다.

인간과 자연 간 변증법적 관계를 규명하는 데 천착해 온 기존 환경사와 달리, 이들 역사학은 주체에 대한 인간중심적·위계적 이해에서 벗어나 인간을 포함한 다양한 주체들 사이의 복잡한 피드백 관계로 초점을 이동시킨다. 라투르가 주체를 네트워크 개념으로 환산해 인간, 생태계, 기후, 바이러스, 기계, 문화, 제도 등을 아울러 '산종적 행위성(distributed agency)의 네트워크'와 '행위자 네트워크 이론'

을 주장한 것도 이 같은 맥락에서다. 바야흐로 오늘날의 역사 이념은 인간사에 국한되지 않는 모든 것의 역사로 급속도로 확장 중이다.

과거와 수준이 다른 정도와 규모로 진격하고 있는 환경 문제를 생각할 때, 행성적 규모와 비인간적 행위성은 분명 기존 환경주의적 자연관이 반드시 대면해야 할 새로운 도전이다. 이 도전에 대한 라트카우의 첫 대응은 19세기 역사주의에도 "생물학적 자연주의가 무성했다"는 코젤렉의 주장을 인용하는 것이다. 코젤렉에 따르면 19세기에도 자연과 역사의 통일이 수없이 운위되었지만 구체적 분석을 낳지는 못했다. 이러한 지적은 탈인간중심주의에 대한 오늘날의 지나친 열광으로부터 한 걸음 떨어져 문제의 본질에 집중하도록 돕는다. 빅히스토리, 깊은 역사, 기후사 역시 자연사와 역사의 융합을 내세워 자연과학 데이터를 광범하게 동원하지만, 과학과 인문학의 깊은 단절을 지적한 찰스 스노(Charles Snow)의 책 ≪두 문화와 과학혁명(The Two Cultures and the Scientific Revolution)≫(1959)의 그림자는 여전히 길기만 하다.

행성주의적이고 탈인간중심적인 시각에 대한 라트카우의 좀 더 근본적인 대응은 "루소와 괴테를 인간중심주의적 혹은 비인간중심주의적 범주로 나눌 수는 없다"라는 상식적 사실을 고수하는 것이다. 신유물론의 대표자인 라투르도 이 점을 오인하지 않고, 자연 문제를 다룰 때 '인간중심주의를 포기해야 하는지 아니면 인간이 중심에 남아 있어야 하는지'를 두고 다투는 것을 소모성 논쟁으로 격하했다. 문제의 본질은 물질과 상호의존적 관계에 있는 인간에 대한 새로운 이해이지, 인간의 중심적 위치가 아니기 때문이다. 인간중심주의의 극복과 복수의 행위성 논의가 본질을 벗어나 인간 행위성 자체를 논란의 대상으로 만들 가능성을 원천 차단한 것이다.

인류세의 핵심은 인간 활동이 미치는 지질적 규모의 파괴적 영향력이나 그로 인해 지구생명권이 봉착할 파국적 종말 자체에 있지 않다. 인류세 개념의 압도적 호소력은 지질적 힘으로 등극한 인류의 집단적 행위성에 대한 책임감 있는 성찰의 절박한 필요성에서 나온다. 이처럼 인류세적 자연 이해의 핵심이 인간중심주의와 비인간중심주의의 구분에 있지 않고 인간 행위성에 대한 이해가 여전히 중요한 의제라면, 라트카우의 환경주의적 자연관이야말로 기후변화가 가져올 미래에 꼭 필요한 시사점을 던져 줄 수 있을 것이다.

거대 생태적 통합에서 생태 소우주의 집합으로

라트카우의 자연관은 독특하다. "자연의 역동성 전체는 한정된 공간 내에서만 구체적으로 생각할 수 있다"는 관점에서 지구 전체를 단일 유기체가 아니라 '다양한 작은 생태 시스템들의 집합'으로 상상하기 때문이다. 그러나 이러한 상상은 1980년대 출범한 지구시스템과학으로 상징되는 통합적 자연 이해나 라투르가 소환해 다시 주목받은 러브록의 가이아 테제는 물론, "모든 것은 다른 모든 것에 연결되어 있다"는 배리 코머너(Barry Commoner)의 유명한 생태학 제일법칙에 비추어 봐도 생태학적으로 부정확하다고 할 만하다.

이처럼 시대착오로 보이는 라트카우의 자연관은 독일 생물학자 야코프 폰 윅스퀼(Jakob von Uexküll)의 '환경(Umwelt)' 개념에 그 사상적 뿌리를 두고 있다. 윅스퀼은 인간의 관점에서 자연을 통합적으로 구성하는 것에 반기를 들고, 진드기의 눈으로 본 세계를 바탕으로 환경 개념을 창시했다. 윅스퀼에 따르면 인간을 포함한 지구상의 모든 생명체는 자연의 역동적 전체를 감각할 수 없기에 오직 자신을 둘러싼 환경 세계만을 구체적으로 인지할 뿐이다. 따라서 환경 개념은 1970년대 생태혁명과 함께 집합 단수로 사용되기 시작할 때까지 줄곧 복수 형태로 사용되었다.

윅스퀼의 환경 개념에 기초한 라트카우의 생태 소우주적 자연관은 복합적인 거대 생태계나 자연의 원초적 균형을 고집하는 시각으로는 파악하기 어려운 자연의 중요한 특성을 잘 포착한다.

우선 자연의 놀라운 회복 탄성이다. 고고학, 화분학, 생태학, 고기후학의 최근 연구들은 인류가 선사 시대부터 생태계에 파괴적 영향을 미치며 자연 경관을 불가역적으로 바꾸어 왔음을 보여 주는 과학적 증거들을 꾸준히 발굴했다. 그런데 인간의 환경 파괴와 자원 고갈이라는 악순환이 인류사 초기부터 이어졌다면, 자연은 왜 진즉에 붕괴하지 않았고, 인류는 왜 진즉에 멸절하지 않았을까?

라트카우는 그 이유를 세계시장처럼 조밀한 네트워크를 갖고 있지 않은 자연의 소우주적 구조에서 찾는다. 지구 곳곳의 생태계는 기본적으로 태양 복사에너지의 양과 분배 그리고 대기층의 하단 부분, 토양 표층, 육지 생물권과 수역(水域) 간의 전체 교환 과정을 뜻하는 '지표면과정(land surface process)'의 구조에 따라 서로 다른 속성과 질서를 유지하고 있다. 근세의 목재난이 생태 위기로 치닫지 않았던 것도 근본적으로 숲이 전국에 흩어져 있기 때문이었다. 산업혁명으로 운송 문제가 획기적으로 해결되기 전까지 목재 수요는 (특히 제철업이나 광산업에서) 숲을 생태적으로 황폐화할 수준에 도달할 수 없었다. 대체로 19세기까지의 산업화는 자연을 불가역적 수준으로 파괴하지 못했다.

여기서 우리는 자연의 또 다른 특성과 마주한다. 바로 사회적 조건과 늘 함께 작동해 온 자연의 활력이다. 그리스인들이 '성장하다'를 의미하는 '피시스(physis)'라는 단어로 자연을 표현하기 시작한 이래, 인간은 자연을 인위적 질서의 반대 극으로서 생명력과 활력으로 이해해 왔다. 그러나 라트카우는 가이아 이론처럼 자연의 활력을 절대적으로 자율적인 힘으로 보지 않고, 역사적 과정 속에 작동하는 행위자로 이해한다. 중요한 것은 피시스로서 자연의 역동성이 늘 작은 생태계에서 가장 효율적으로 실행되어 온 인간의 제도적·조직적 행동과 함께할 때 가장 잘 유지되었다는 사실이다.

매년 유엔기후변화협약 당사국총회(COP)에서 확인하듯이, 인간과 환경의 관계에는 전 지구적 차원의 효율적 해법이 없고 정치와 제도의 역할도 극히 제한적이다. 따라서 우리는 앞으로도 자연의 자기 치유력에 본질적으로 의존할 수밖에 없다. 자연 생태계의 불가역적 파괴가 진행되기 시작한 것은 자연의 회복 탄성이 발휘될 수 있는 생태적 틈

새를 남김없이 개발하고 집약적으로 연결해 글로벌 생산과 소비가 급속히 확대된 1950년대 대가속기에 들어서였다. 라트카우가 전하는 생태 위기의 해법은 단순명료하다. 피시스로서 자연을 기억하고 자연에 예비분을 마련해 미래의 예측 불가능한 일들에 대비하라!

행성과 인류세, IPCC와 기후과학이 지배하는 기후위기 담론 속에서 개개인은 깊은 무력감과 절망감에 빠질 수밖에 없다. 인간과 자연이 균형을 맞추어 온 작은 생태계의 놀라운 회복 탄성을 다시 떠올릴 시간이다. 작은 생태계가 지질적 규모로 진행되는 기후위기 속에서 기껏해야 부차적 역할을 할 뿐이라고 해도, 라트카우의 말대로 우리는 그 부차적 요인만을 바꿀 수 있을 뿐이다.

참고문헌

Chakrabarty, D.(2021). *The Climate of History in a Planetary Age*. Chicago: The University of Chicago Press. 이신철 옮김(2023). ≪행성 시대 역사의 기후≫. 에코리브르.

Latour, B.(2017). *Où atterrir?*. Paris: La Découverte. 박범순 옮김(2021). ≪지구와 충돌하지 않고 착륙하는 방법: 신기후체제의 정치≫. 이음.

Radkau, J.(2000). *Natur und Macht: Eine Weltgeschichte der Umwelt*. München: C.H.Beck. 이영희 옮김(2012). ≪자연과 권력: 인간과 자연, 갈등과 개입 그리고 화해의 역사≫. 사이언스북스.

Radkau, J.(2006). *Mensch und Natur in der Geschichte*. Leipzig: Ernst Klett Schulbuchverlag.

von Uexküll, J.(1965). *Mondes animaux et monde humain*. Paris: Denoël. 정지은 옮김(2019). ≪동물들의 세계와 인간의 세계≫. 도서출판b.

White Jr., L.(1967). The Historical Roots of Our Ecologic Crisis. *Science*, *155*(3767), pp. 1203-1207.

05
세계사

인간과 자연이 관계해 온 역사보다 세계사 전체를 더 잘 이해하게 해 주는 것은 없다. 그러나 라트카우가 제안하는 세계사는 1990년대 들어 역사학계에 돌풍을 불러일으킨 지구사나 최근의 빅히스토리적 관점과 근본적으로 궤를 달리한다. 아래로부터의 역사학과 독일 사회사의 전통을 굳건히 계승해 글로벌 네트워크와 성급한 전체론을 경계하고 지역에 기초한 치밀한 경험 연구를 중시하기 때문이다.

새의 눈 대신 방랑자의 시선으로

역사학자 대다수와 마찬가지로 라트카우 역시 아드 폰테스를 제일 신조로 삼지만, 그의 역사학적 열정을 이끌어 온 또 다른 동력은 세계사에 대한 동경이었다. 라트카우는 역사적 현실이 무한히 다양하다고 믿지 않는다. 반대로 단 하나의 역사만이 존재한다고 믿지도 않지만, 역사의 수는 한정되어 있다고 믿는다. 후일 라트카우 자신이 고백했듯 무한히 다양한 역사와 하나의 역사 사이 내적 긴장이야말로 그의 역사 연구를 이끌어 온 리비도였다. 어린 라트카우에게 언젠가 스스로 세계사를 쓰겠다는 꿈을 심어 준 것은 헤로도토스의 ≪역사≫와 아널드 토인비(Arnold Toynbee)의 ≪역사의 연구(A Study of History)≫ 전집이었다. "환경의 세계사"라는 부제를 단 ≪자연과 권력≫을 쓸 때, 첫 장에서부터 고도 문명을 어려운 환경의 도전에 대한 응전의 산물로 규정한 토인비의 해석을 언급한 것도 책의 집필 동기가 그에게서 왔기 때문이었다.

그럼에도 라트카우의 세계사는 헤로도토스나 토인비의 보편사와는 거리가 멀다. 헤로도토스에게는 자유의 승리가, 토인비에게는 문명의 발전이 인류 전체에 관한 하나의 이야기를 쓸 수 있게 하는 보편 법칙이었다. 반면 라트카우에게 진정한 보편은 역사의 시공간적·맥락적 확장을 위한 방법의 차원에 있었다. 즉 환경사 서술에 난무하는 "인류사는 자연 파괴의 역사다" 같은 조급하고 전체주의적이며 결정론적인 판단들과 주장들을 경험적으로 검증하기 위해 세계사적 보편을 지향한 것이다.

라트카우가 지구사와 세계사의 개념적·사학사적 중첩과 차이에 대한 열띤 공방을 얼마나 인지했는지는 불분명하지만, 지구사 대신 세계사 혹은 새로운 세계사란 표현을 일관되게 쓴 것은 다분히 의도적인 선택으로 보인다. 거대 생태 네트워크가 아니라 생태 소우주를 중심으로 자연과 세계를 바라보려는 라트카우로서는 글로벌 상호작용을 중시하는 지구사보다 인간 거주지 중심의 세계사가 훨씬 적절한 패러다임일 것이다. 라트카우가 보기에 지구화를 생태적으로 불가피하고 강제적이며 불가역적인 과정으로 이해한 크로즈비나 윌리엄 맥닐의 시각은 하나로 연결된 세계를 전제하는 지구사의 관념과 마찬가지로 생태중심적 결정론에 빠질 위험이 크다.

지구사의 아버지로 꼽히는 윌리엄 맥닐이 아들 존 맥닐과 함께 쓴 ≪휴먼 웹(The Human Web)≫(2003)은 "새의 눈으로 조망한 세계사(A Bird's-Eye View of World History)"라는 부제를 달고 있다. 책의 부제가 보여 주듯 맥닐 부자는 분절되어 있던 구세계의 휴먼 웹이 근대에 들어 전 세계적으로 확장하면서 발생한 정치경제적·문화적·생태적 파장을 거시적 수준에서 서술했다. 근대 이후 세계가 초연결적인 휴먼 웹에 포섭되어 간 과정이 파괴적이고 폭력적이었다고 해도, 태즈메이니아섬과 이스터섬의 운명이 보여 줬듯 이 네트워크에 통합되지 않은 곳의 운명은 생태적 도태로 귀결되었을 뿐이다.

라트카우는 맥닐 부자의 새의 눈에 맞서 '방랑자의 시선'으로 세계사를 다시 쓸 것을 제안한다. 방랑자의 시선은 비유하자면 동양 산수화의 삼원법(三遠法)과 같다. 산 위에 올라 전체를 내려다보는 수평시(水平視), 산을 올려다보며 경관의 웅장함을 경외하는 앙시(仰視), 산속으로 들어가 겉에서는 보이지 않는 곳을 두루 살피며 통찰력을 기르는 부감시(俯瞰視)는 오직 자유로이 떠도는 방랑자만이 품을 수 있는 다시점이다. 라트카우는 환경의 세계사 ≪자연과 권력≫과 환경운동의 세계사 ≪생태의 시대≫를 통해 '상이한 관찰 방식들 사이를 불안하게 오가는 방랑자의 시선'으로 무수한 다양성과 가능성을 품은 '새로운 세계사'의 윤곽을 그리는 데 도전했다.

아래로부터의 세계사

라트카우가 방랑자의 눈으로 써야 한다고 역설한 새로운 세계사란 구체적으로 무엇일까? ≪자연과 권력≫과 ≪생태의 시대≫를 토대로 판단컨대, 그것은 생태주의적 보편사에 대한 대안적 세계사이자 '아래로부터의 세계사'로 요약된다. 생태주의는 하나의 조화로운 생명 공동체를 이상적으로 전제하는 생태중심적 세계관으로, 1970년대 생태혁명 이래 환경운동을 이끌어 온 핵심 동력이다. 환경사는 환경운동의 역사에서 출발했기에 생태와 결합한 다양한 이데올로기적 인식 전제들이 드리우는 그림자로부터 자유롭기 어렵다. 미국과 달리 생물중심적 환경사의 전통이 애초에 존재하지 않았던 독일에서도 녹색당과 함께 환경운동이 지구상 어느 나라에서보다 큰 성공을 거두면서 생태주의의 그림자가 짙어졌다.

생태주의의 전체론적 문제의식은 우리가 국가나 지역별로 나누어 살피기에 용이한 하천, 숲, 토지 혹은 측정 가능한 오염원을 연구하는 데만 몰두해 온 기존 환경사를 벗어나 '우주선 지구'의 시점에 기초한 글로벌 환경사로 나아가도록 돕는다. 라트카우 역시 이러한 생태적 측면이야말로 환경사를 세계사로 써야 하는 이유이자 환경사가 세계사로서만 의미를 갖게 만드는 원동력이라고 말한다. 국경이나 지역을 뛰어넘어 다양한 환경과 인간의 관계를 보편적으로 개괄할 생태적 준거 틀을 제공하고, 기존 학문에서 주목하지 않은 수질오염이나 대기오염과 같은 생태적 틈새에 집중하면서도 개별 환경문제들 간 연계성을 고려하도록 자극하며, 과거 환경문제의 인과관계를 지나치게 국지적으로 보거나 현재의 환경위기를 기준으로 판단하지 않도록 도울 것이기 때문이다.

그럼에도 라트카우의 세계사는 '생태적 카산드라'를 경계하는 수정주의적 관심에 굳건히 기초해 있다. 생태주의적 인식에서는 생태계 전체의 조화로운 균형이 절대적 우선 가치며, 인간과 문명은 구약 시대 이래 이 균형을 파괴해 온 원죄자다. 이러한 생태주의는 환경사 서술에서 역사의 끝을 미리 알고 있는 카산드라처럼 작용하면서, 인간이 환경을 파괴하고 착취해 온 역사에 초점을 맞추고 인류사의 진보를 상대화하는 서사 구조를 주조해 왔다. 즉 생태주의가 전제하는 '자연 그대로의 자연'은 사실상 헤로도토스의 자유, 토인비의 문명과 다르지 않은 하나의 보편 법칙이다. 생태주의는 이를 중심에 놓고 공전하는 환경 보편사를 낳았다. 크로즈비와 재러드 다이아몬드(Jared Diamond), 맥닐 부자에 이르기까지 되풀이되고 있는 '문명의 생태적 재앙' 서사는 그 전형적인 플롯이다.

반면 라트카우의 환경 세계사는 인간, 지역, 작은 차이를 중시한다는 의미에서 철저히 아래로부터의 세계사를 지향한다. 인류세와 더불어 그 어느 때보다 전체론과 복잡계, 전 지구성과 빅히스토리에 대한 관심과 논의가 활발하지만, 라트카우의 세계사에는 거대 서사가 대신할 수 없는 진정성과 힘이 있다. 첫 단추는 가이아가 아니라 인간의 힘이다. 거대 생태적 통합의 맥락에서 인간을 자연의 극히 일부분으로 간주하는 생태주의적 관점과 달리 라트카우는 조화로운 생태계의 규형이란 존재하지 않는다는 생태학적 자연관에 입각해 가이아 이론의 역사적 유용성에 회의감을 표한다. 생태주의자들이 암묵적으로 전제하는 구석기 시대로의 회귀나 인류 90퍼센트의 제거는 라트카우에게 거짓 해법일 뿐이다.

오히려 라트카우는 인간의 자연 착취에 따른 문명의 생태적 몰락이 유일한 역사가 아니며, 그와 정반대의 길을 걸은 역사들도 무수히 많다고 목청을 높인다. 환경위기의 인과관계는 인간의 저항 전략 때문에 결코 자연법칙처럼 진행되지 않는다. 따라서 라트카우는 "인디언에 관해 상상의 나래를 펴는 대신", 생태 담론에서는 도출할 수 없는 지속가능한 요소들의 존재를 역사적인 현실 경험에서 찾고

분석할 것을 역설한다.

이로써 우리는 지구 전체 대신 지역이라는 라트카우의 두 번째 세계사 어젠다에 도달한다. 역사적 경험에 따르면 지속가능성은 항상 지역 단위의 작은 생태 시스템 속에서 가장 잘 작동했다. 이런 이유에서 라트카우는 산림행정, 보건 위생과 오염에 관해 중서부 유럽인들이 보여 준 제도적 대응을 최적의 역사적 예시로 꼽는다. 반면 라트카우는 유엔기후변화협약 당사국총회와 같은 위로부터의 보편적 해법 추구에 대해서는 최악의 갈등을 낳을 가능성을 줄곧 경고했다. "인간과 자연의 구체적인 공생 관계는 언제나 소규모 단위에서 이루어지며, 통제와 자율의 조심스러운 공존을 통해 가장 잘 기능할 수 있고, 원칙적으로 최상부에서 조직될 수 없다는 사실을 통찰"하는 것이 생태적 지혜라고 믿기 때문이다. 결국 라트카우가 ≪자연과 권력≫의 서문에서 밝힌 '무수한 다양성이 만들어 내는 새로운 질서로서 새로운 세계사의 윤곽'은 '지역 자생 시스템들의 공생'에 주목하는 세계사에서 발견된다.

라트카우 세계사의 마지막 어젠다는 친환경적 당위성이 아닌 작은 차이에 의한 가능성이다. 라트카우는 환경에 결정적 영향을 미치는 요인으로 파국적 재난이 아니라 장기적이고 대규모적인 변화 과정을 꼽는다. 특히 '대량의 일상적인 것, 장기간에 걸친 습관적이며 제도적인 행동'을 중시한다. 이 때문에 ≪자연과 권력≫의 라트카우는 많은 독자에게 환경 낙관주의자로 비쳤지만, 실제로 라트카우가 강조한 것은 인간 행동의 작은 차이가 만들어 낼 양의적 가능성이다. 환경사는 결코 의도·계획·예측된 것들이 낳은 역사가 아니다. 그러므로 늘 미래의 예기치 않은 일들에 대한 우리의 무지를 기억하는 마음으로 세계 곳곳의 과거 경험을 되새겨야 한다. 라트카우가 우리 모두에게 방랑자의 시선을 요청하는 이유다.

유럽중심주의: 자기 고향을 사랑하는 좋은 사람

언제부터라고 특정하기는 어렵지만, 일국사를 넘어 세계사를 지향하는 학자들이 돌려 쓰는 유명한 문구가 있다. "자기 고향을 사랑하는 사람은 좋은 사람이고, 모든 곳을 자기 고향처럼 여기는 사람은 강한 사람이지만, 전 세계를 타향으로 생각하는 사람이야말로 완벽한 사람이다." 12세기 색스니 출신 수도승의 말이다. 적어도 ≪자연과 권력≫을 기준으로 볼 때, 라트카우는 "완벽한 사람"은 아니다. ≪자연과 권력≫ 서문에서 밝히듯, 라트카우의 세계사는 사실상 야생 자연 숭배에 기초한 미국의 생태주의적 보편사에 맞서 유럽의 역사적 경험을 기초로 환경 세계사를 새로 쓰려는 기획이다. 이 과정에서 인간, 지역, 차이에 기초한 아래로부터의 세계사라는 독창적 접근법을 제시하지만, '아래'의 중심 무대는 중서부 유럽이다.

라트카우가 시공간을 가로질러 펼치는 상세하고도 다양한 역사적 예시들은 근세 이래 제도적 실행을 통해 비교적 안정적인 생태 균형에 도달한 중서부 유럽인들의 이야기를 뒷받침하는 병풍과 같다. 물론 이 성공이 사소한 충격에도 허물어질 수 있는 불안정한 것이었고, 어느 곳에서나 통하지는 않는 거짓된 것이었다고 토를 달기는 하지만, 라트카우는 그것이 유럽이 걸어온 세계사적으로 특이한 길이라고 일관되게 주장한다.

유럽과 마찬가지로 18세기 들어 자연 자원을 남김없이 이용해 생태 위기에 봉착한 중국은 유럽의 특수성을 비춰 주는 최적의 거울이다. 지구사학자 케네스 포메란츠(Kenneth Pomeranz)가 유럽의 특수한 돌파를 식민주의로 설명했다면, 라트카우는 식민주의의 영향을 축소하고 제도학파적 설명으로 되돌아간다. 또한 유럽의 연합, 제도, 사법 질서를 생태적 균형의 비결로 지목하는 데 그치지 않고 문화적 요인, 즉 지속가능성에 대한 의식 형성을 비유럽과의 궁극적 차별성으로 강조한다.

라트카우가 중서부 유럽인의 특별한 역사적 경험을 강조하는 근본 이유는 분명하다. 제도만이 수많은 환경문제의 만성적 성격에 부합하는 지속력을 갖기 때문이다. 라트카우는 이러한 제도를 가장 효율적으로 확립한 유럽인의 경험을 환경 세계사의 교훈으로 삼으려 한다. 그가 "좋은 사람"임에는 의심의 여지가 없다.

참고문헌

박혜정(2022). ≪하나의 지구 복수의 지구사≫. 연세대학교출판문화원.

Radkau, J.(1991). Unausdiskutiertes in der Umweltgeschichte. In Hettling, M. et al.(eds.). *Was ist Gesellschaftsgeschichte?: Positionen, Themen, Analysen*, pp. 44–57. München: C.H.Beck.

Radkau, J.(2000). *Natur und Macht: Eine Weltgeschichte der Umwelt*. München: C.H.Beck. 이영희 옮김(2012). ≪자연과 권력: 인간과 자연, 갈등과 개입 그리고 화해의 역사≫. 사이언스북스.

Radkau, J.(2011). *Die Ära der Ökologie: Eine Weltgeschichte*. München: C.H.Beck. 김희상 옮김(2022). ≪생태의 시대: 다시 쓰는 환경 운동의 세계사≫. 열린책들.

Uekötter, F.(1998). Confronting the Pitfalls of Current Environmental History: An Argument for an Organisational Approach. *Environment and History*, *4*(1), pp. 31–52.

06
신경과민

빌헬름 제국을 신경과민이라는 측면에서 재해석한 라트카우의 파격적인 시도는 자신의 사적 경험에서 비롯되었다. 라트카우는 반핵운동의 소용돌이 속에서 첫 역작 ≪독일 핵경제의 부상과 위기≫를 출간한 이후 신경쇠약 진단을 받고 상당 기간 치료를 받았다. 이 경험은 라트카우로 하여금 신경과민의 역사에 주목하게 했을 뿐 아니라 독일 특수성 테제 바깥에서 빌헬름 제국을 바라볼 수 있게 했다.

신경과민의 시대

신경쇠약은 1880년 뉴욕의 신경과 의사 조지 비어드(George Beard)가 진단명으로 사용한 이래 독일을 비롯한 서구 사회에서 급속히 확산한 의학 전문 용어다. 역사학적으로 주목할 만한 것은 신경쇠약이 독일제국에서 가장 많이 진단된 병이었다는 사실이 아니라, 신경과민이 제국의 행동 표본, 혹은 프랑스 사회학자 피에르 부르디외(Pierre Bourdieu)의 개념으로 말하자면 '아비투스(Habitus)'가 된 현상 자체다.

신경증은 전문 의학자들의 기록뿐 아니라 정신병력이 있던 베버나 니체, 오토 폰 비스마르크(Otto von Bismarck)와 베른하르트 뷜로(Bernhard Bülow) 같은 정치인들에 대한 기록에도 빠지지 않고 등장했다. 신경증을 의학적으로 정의하기는 까다롭지만, 당시 사회문화적 잣대에 따라 인지하기는 상당히 쉬웠다. 신경증의 아비투스적 실상이 뚜렷해지는 대목이다. 특히 신경증적 아비투스는 성과 지향과 신분 상승욕이 남달랐던 중산층 사이에서 일종의 대중현상이 되었다.

그럼에도 국내의 독일사학계는 물론이고 독일 본토의 사학계에서도 빌헬름 제국의 신경과민이 진지한 연구의 관심 대상이 된 적은 없었다. 따라서 신경과민과 당시 제국주의적 민족주의를 연결한 발상 자체가 신세계다. 라트카우가 제국의 신경과민적 측면에 착목한 것은 한 가지 수수께끼 같은 의문 때문이었다. 마침내 오랜 통일의 염원을 이루고 2차 산업혁명에도 성공해 정치·군사·경제·기술적으로 승승장구하던 시대에 독일제국은 도대체 왜 집단적 불안증과 신경과민 상태에 빠졌을까?

여기서 라트카우는 특유의 지적 모험심을 발휘해 의학사, 사회사, 심성사를 방법론적으로 결합하는 도전에 나선다. 미셸 푸코(Michel Foucault)의 ≪광기의 역사(Histoire de la folie à l'âge classique)≫(1961)를 비롯한 의학사적 연구는 통상 의학 전문 담론 분석에서 출발해 일종의 의학적 음모론으로 귀결되는 경향을 보여 왔다. 반면 라트카우의 신경증 연구에서는 역사심리학적 연구서에서 자주 등장하는 정신분석 개념이나 이론 혹은 통계가 전혀 등장하지 않는다. 그 대신 독자들은 단단한 사료적 토대 위에서 펼쳐지는 저자의 발견적(heuristic) 추론을 접한다.

라트카우는 기존 의학사에서 간과되어 온 정신병원의 환자 기록을 창의적으로 동원한다. 포스트식민주의자들이 식민 권력이 남긴 문서의 행간을 읽으면서 식민지인들의 목소리를 복원했듯, 라트카우도 환자 기록을 분석하면서 의사 소견과 환자 자신의 병에 대한 독립적인 이해와 자기경험의 세계를 복원한다. 또한 식민지배자와 식민지인의 관계성을 바탕으로 제국의 역사를 혼종의 역사로 재독한 포스트식민주의자들처럼 라트카우 역시 신경증 환자들의 경험 세계를 거시 세계의 역사와 접목해 빌헬름 제국주의와 제1차 세계대전의 재해석에 도전했다.

라트카우의 신경과민 연구는 빌레펠트학파의 대표 학술지 ≪역사와 사회(Geschichte und Gesellschaft)≫에 발표된 두 편의 논문을 토대로 ≪신경과민의 시대≫가 출간되면서 완결되었다. ≪신경과민의 시대≫는 "비스마르크와 히틀러 사이의 독일"이란 부제를 달고 있지만, 연구의 주된 대상은 1880년과 제1차 세계대전 사이의 빌헬름 제국 사회다.

당시 만연한 신경과민과 불면증의 양상은 놀라울 정도로 오늘날 한국 사회가 앓고 있는 정신불안과 닮아 있다. 신경과민이 전형적인 '근대적' 현상이기 때문이다. 빌헬름 제국의 기차 역무원이나 전화수가 감당해야 했던 심리적 스트레스와 업무 속도는 오늘날 한국 사회의 택배 기사나 감정 노동자의 스트레스와 근본적으로 동질적이다. 당대 유행어 '생존 투쟁'이나 '미국의 위협' 같은 표현들이 증언하듯, 산업혁명 이래 최초의 경기 침체였던 1873~1896년의 대불황 경험이나 유럽을 넘어 이제 미국과도 경쟁하게 된 새로운 상황들이 제1차 세계대전 전야의 독일인들을 불안증에 몰아넣었다. 주기적으로 경기 침체를 겪으며 전 세계 시장에서 초격차 경쟁을 벌이는 현대인들의 삶의 조건은 그 연장선상에 있다.

그러나 라트카우의 신경증 연구의 백미는 신경증을 산업 사회의 정신병리학적 현상으로 규명하는 데 있지 않다. 라트카우는 신경불안을 의기소침하고 우울한 병적 증상으로 정의하고 접근하기보다는 그것의 좀 더 깊은 심성 층위를 들추며 성찰한다. 신경과민은 일반적으로 스트레스에 따른 절망감과 무기력감을 특징으로 하는 신경성 질환으로 이해되지만, 실제로는 자아실현의 '가능성'과 함께 쾌락주의적 경향이 높아진 사회에서 전형적으로 나타나는 현상이다. 즉 신경증은 절망이 아니라 오히려 충족되기 어려운 망상에 가까운 소망의 과잉으로 인해 발현되는 병적 증상이다.

19세기 말에 이르면 유럽 전역에서 여행이 크게 유행하는데, 신경쇠약 환자들 대다수가 부산한 여행자였다. 정신병동의 남성 환자들이 가장 많이 호소했던 발기부전, 자위와 매독에 대한 공포감 역시 빅토리아식 금욕이나 억압적 문화의 산물이 아니었다. 그것들은 오히려 의학 지식과 매체가 확장되면서 나타난 새로운 성적 개방성이 초래하는 심리적 긴장과 갈등의 산물이었다. 요컨대 신경증 환자들은 기본적으로 에너지가 넘치는 사람들로, 신경쇠약과 무기력은 증상적 결과일 뿐 진짜 병인은 자신의 삶을 최대치로 살고 싶다는 과도한 욕망이었다. 1915년 에밀 뒤르켐(Émile Durkheim)은 이를 "의욕의 강렬한 추구"로 표현했다.

빌헬름 제국의 '부드러운 측면' 너머

라트카우는 빌헬름 제국 사회가 품은 과도한 욕망의 인화지로 산업화가 아니라 민족주의에 주목한다. 민족주의는 독일 사회의 특수성을 19세기 후반 서구 사회 전체에서 폭주하기 시작한 제국주의적 배경 위에서 파악할 수 있게 하는 절묘한 선택지이자 감정적이고 신경증적인 주제들과 무수히 교차될 수 있는 주제이기 때문이다. 독일 민족주의는 나폴레옹전쟁을 계기로 프랑스혁명기의 '문화민족론'이 정치적 민족주의로 전환한 이래 1871년 독일 통일에서 절정에 달했다. 이어 제국주의 시대와 제1차 세계대전을 거치며 '신민족주의'라는 별칭이 붙을 정도로 새로운 급진화 단계에 들어섰다.

1870년대 후반 민족주의의 이러한 변화에 누구보다 날카롭게 주목한 이는 1980년대 독일사의 특수성 논쟁을 촉발한 영국의 마르크스주의 역사학자 제프 일리(Geoff Eley)다. 일리는 보수 정당과 압력 단체들을 분석한 ≪우익의 재편성(Reshaping the German Right)≫(1980)에서 주로 융커(Junker)를 중심한 전근대적 구조의 연속성 차원에서 민족주의를 논해 온 빌레펠트학파에 정면으로 맞섰다. 즉 대중 동원을 활용한 새로운 정치의 등장과 민족주의의 대중적 급진화를 전근대적 구조의 연속성 테제에 대한 반증으로 내세움으로써 일리는 빌헬름 제국 사회의 근대성을 주장했다.

라트카우는 빌레펠트학파와 일리 둘 다와 뚜렷이 구별되는 방식을 취했다. 즉 정치, 민족, 전쟁이 직접적으로 등장하지 않는 신경증 관련 사료를 통해 민중민족주의적(völkisch-nationalistisch) 심성의 변화를 추적했다. 이러한 방법론의 탁월함은 환자 기록을 통해 복원한 일반인들의 신경증적 심성 그리고 빌헬름 제국 정치인들과 지식인들의 정치·사회·의학적 담론을 대중 민족주의의 부상이라는 새로운 시대 변화를 통해 연결한 데 있다.

미국과 달리 신경증 논평이 정치, 민족, 전쟁과 직접적으로 연관되어 이루어진 사례가 거의 없는 독일제국에서 양자 간의 직접적인 연결 고리를 찾는 것은 자칫 과욕에 그칠 수 있었다. 그러나 라트카우는 사료의 마술사답게 일반 환자, 의사, 정치인, 지식인이 남긴 폭넓은 스펙트럼의 기록들을 부지런히 오가며 거미줄 형식으로 연결해 이 딜레마를 돌파했다. 물론 이는 신경증이 빌헬름 제국 시대에 가장 활발하게 논평된 주제였기 때문에 가능한 방법론이었다.

라트카우가 1880년과 1914년 사이를 살아간 각계각층의 사료적 목소리를 통해 재구성한 독일인들의 심성은 놀라울 정도로 역동적이다. 비더마이어(Biedermeier) 시대의 소시민적이고 속물적인 안락함(Gemütlichkeit)을 핵으로 하는 기존의 독일 민족 정체성은 19세기 말 제국주의 경쟁이 격화하면서 오히려 열등감의 원천으로 전락한다. 이후 새로운 민족적 정체성을 모색하는 과정에서 엄격하고 강력한 민족의지에 대한 열망이 신경증적 아비투스의 확산과 맞물려 신민족주의적 양상으로 폭발한다. 제1차 세계대전 전야의 집단적 신경과민은 이렇게 상승했다.

일리가 신민족주의의 부상을 정강 내용, 정당 지지층, 정당과 정부의 관계 변화 같은 딱딱한 정치 현장에서 규명하고자 했다면, 라트카우는 그 현상을 1870년 이후 예법서적의 출간 증가와 같은 부드러운 현상에서 읽어 냈다.

라트카우가 보기에 독일제국 사회에 만연하던 행동 불안을 이보다 뚜렷이 확인할 수 있는 지표는 없었다. 빌헬름 시대에 만연한 화려한 겉치레는 세련된 형식의 부재에 대한 불만에서 나온 것이었지만, 동시에 형식에 대한 불안감의 표현이기도 했다. 지금도 독일인은 프랑스인이나 영미 계열 사람들에 비해 교양 없고 매너가 거칠다는 이미지가 있다. 라트카우는 빌헬름 2세조차 완벽한 영국 젠틀맨이 되기를 원했지만 그러지 못해 애를 태웠다고 알려 준다.

그러나 라트카우는 독일이 공격적이고 급진적인 신민족주의로 나아간 동력을 프랑스나 영제국에 대한 열등감이나 경쟁심에서만이 아니라 신경증의 좀 더 깊은 바닥에 위치한 내적 불안에서 찾았다. 객관적 지표로 볼 때 독일제국인들이 심리적 불안을 느낄 이유는 전혀 없었다. 라트카우는 한스 로젠베르크(Hans Rosenberg)의 고전적 연구에 기대어 대불황조차 현실이 아니라 심리적으로 존재했을 뿐이라고 주장한다. 문제는 19세기 후반 독일의 눈부신 정치적·경제적 성공을 자신의 개인적 성공으로 경험한 독일인이 거의 없다는 데 있었다. 이러한 괴리는 어디서 왔을까?

일찍이 톰슨이 '계급 없는 계급투쟁' 개념을 통해 강조했듯 인간의 사회적 의식은 사회적 존재로부터 도출될 수 없고, 인간의 능동적 경험에 의해 형성된다. 노동 생산성이 높아지고 상업적 세련됨이 중요해지면 사람들이 경제지상주의적 사고방식을 갖게 된다는 것은 정해진 수순이 아니다. 물론 빌헬름 제국의 고도 산업화는 독일 특유의 국가주의적 사회보장시스템을 낳았고 사람들의 안전지향적 의식과 건강염려증도 증가시켰다. 그럼에도 이러한 계산적이고 완벽주의적인 조바심은 새로운 바람직한 민족 정체성이 아니라 신경과민적 허약함으로 인지되었다. 독일 민족성을 거론하는 문헌마다 "안전지향 대신 영웅주의, 사업적 유용성 대신 이상주의, 경쟁 대신 공동체"를 외치는 목소리들로 넘쳐 났다.

결국 신경과민은 빌헬름 제국의 독일인들에게 통일이나 고도성장보다 훨씬 결정적인 경험이었다. 부르디외의 아비투스 개념이 말해 주듯 사회적 현실은 개개인의 자기경험을 통해 비로소 인지되고 존재하기 때문이다. 라트카우는 개인과 사회 양 차원의 상호작용을 빌헬름 2세, 베버, 바그너, 하인리히 폰 트라이치케(Heinrich von Treitschke), 토마스 만(Thomas Mann)과 같은 당대인들의 고통스러운 시대 고백을 통해 드러냈다.

≪신경과민의 시대≫의 마지막 장, "의지로의 전환과 제1차 세계대전의 폭발: 민족적 행동을 통한 신경증의 극복"은 이 책이 빌헬름 제국의 부드러운 측면을 크게 넘어

서고 있음을 말해 준다. 라트카우는 자신의 박사 논문 지도 교수이자 빌레펠트학파의 '연속성 테제'에 기초를 놓은 피셔의 핵심 주장에 맞서 역사의 우연성을 강조한다. 라트카우에 따르면 제1차 세계대전의 발발은 전근대적 구조의 연속성이나 '사회적 제국주의'의 필연적 산물이 아니라, 빌헬름 제국의 사회적 신경증과 극도로 불안정했던 국제 정세가 합류해 빚어낸 변칙적 산물이었다. ≪신경과민의 시대≫를 제1차 세계대전으로 치달은 독일제국 역사의 정신병리적 배경에 관한 연구쯤으로 읽는다면, 그것은 일리 못지않게 빌레펠트학파의 경직된 특수경로 테제를 전복하고자 한 책의 의도를 크게 오해하는 일일 것이다.

참고문헌

Eley, G.(1980). *Reshaping the German Right: Radical Nationalism and Political Change after Bismarck*. New Haven, Conn.: Yale University Press.

Radkau, J.(1994). Die wilhelminische Ära als nervöses Zeitalter, oder: Die Nerven als Netz zwischen Tempo- und Körpergeschichte. *Geschichte und Gesellschaft, 20*(2), pp. 211-241.

Radkau, J.(1996). Nationalismus und Nervosität. *Geschichte und Gesellschaft, Sonderheft, 16*, pp. 284-315.

Radkau, J.(1998). *Das Zeitalter der Nervosität: Deutschland zwischen Bismarck und Hitler*. München & Wien: Carl Hanser Verlag.

07
인물

라트카우의 인물 전기 세 편은 그의 표현대로 빌레펠트 사회사학자들에게 '외도작'처럼 여겨졌다. 이에 라트카우는 "뛰어난 전기 작가는 사람의 살냄새를 맡으면 자신의 먹잇감이 멀리 있지 않다는 것을 직감하는 전설적인 카니발리스트와 같다"는 마르크 블로크의 명언으로 맞섰다. 우리는 세 편의 전기를 생동하는 인간에 기반한 역사 서술만이 행위와 그로 인한 새로운 변화의 의미를 일깨울 수 있다는 라트카우 역사철학의 실천으로 읽을 수 있다.

왜 인물 전기인가

1920년대 초까지만 해도 역사학에서 인물 전기는 전성기를 구가했다. 그러나 68운동 이후 사회과학은 테오도어 아도르노(Theodor Adorno)의 "인간은 탈인간화의 이데올로기"라는 금언하에 인간을 퇴출했다. 인물 전기는 논란 많은 혐오 장르로 전락했다. 특히 라트카우는 생동감 넘치는 역사를 가장 많이 요하는 역사교육에서 학계에서보다 인물 전기를 낡은 것으로 치부하는 분위기가 더 단단히 뿌리 내린 현실을 개탄했다.

라트카우는 학문으로서나 교육으로서나 역사의 효용성이 "현실의 정치적 행위와 지향, 기회와 대안의 모든 것이 집단으로서든 개인으로서든 살과 피를 가진 사람들이 펼쳐 내는 희비극과 관계된 것"에서 비롯한다고 믿는다. 1970년대 초는 이러한 역사의 근본을 무시하는 무능력이 '좌파'로 포장되던 시대였다고까지 말한다. 여기서 우리는 라트카우가 명예 훼손의 위험을 감수하면서까지 인물 전기에 뛰어든 깊은 의중과 마주한다.

베버, 호이스, 마이젠부크는 당 시대를 읽을 수 있는 최적의 교차로에 있는 인물들이다. 베버는 라트카우의 또 다른 역작 ≪신경과민의 시대≫의 배경인 제1차 세계대전 전야의 세기말을 대표하는 인물이다. 라트카우는 ≪신경과민의 시대≫에 이어 베버를 통해 개개인의 심리적 차원과 전 사회적 차원을 연결하고 융합하는 작업에 다시금 도전했다.

한편 호이스는 이 '신경과민의 시대'의 예외적 인물이다. 특유의 산만함과 우유부단함 탓에 바이마르공화국에서는 전혀 성공을 거두지 못했지만, 연방공화국의 민주주의 체제하에서 자신의 약점을 강점으로 만개시킨 인물이다. 호이스를 통해 우리는 독일의 대조적인 두 체제와 그 속에서 일어나는 개인들의 변신을 살피면서 사회와 개인의 관계를 더욱 깊이 이해할 수 있다.

마이젠부크는 라트카우가 처음부터 여성을 주인공으로 한 전기를 염두에 두고 선택한 인물이다. '만인의 친구'로 불린 마이젠부크는 개인적 배경과 역량을 활용해 여성으로서 마주할 수밖에 없던 제약들을 뛰어넘어 문학적 성공을 거두고 국제 교류를 일구어 냈다. 1848년혁명 시대를 남성의 관점이 아니라 부르주아 여성의 활동을 통해 간접 체험하는 것이 마이젠부크 전기의 백미다.

라트카우는 세 편의 인물 전기를 통해 "빌레펠트 최선의 정신"을 계승하고자 했다고 말한다. 여기서 최선의 정신이란 라트카우가 곧이어 언급한 아날학파의 정신에 가깝다고 볼 수 있다. 지나친 계량화에 기울기도 했지만 아날 학파는 현재까지도 모든 것을 모든 층위에서 포괄하려는 종합적 인간과학으로서 '전체사(histoire totale)'의 대명사다. 그러한 정신을 이어받은 라트카우의 인물 전기 세 편은 빌레펠트대학교 사학과가 폭스바겐의 전폭적 지원을 받아 장기간 수행한 '부르주아(Bürgertum) 프로젝트'에서는 찾아보기 어려운, 열정과 환상으로 가득 찬 생동하는 근대 부르주아의 상을 복구했다.

베버의 에로스와 로고스

호이스 전기와 마이젠부크 전기는 학계와 언론에서 호평 일색의 반응을 이끌어 냈다. 그러나 베버 전기는 언론에서조차 호불호가 갈렸으며 학계에서는 더 싸늘한 혹평을 받았다. 사실 독일에서 사회학, 더 나아가 학문의 신으로 추앙받는 베버의 전기 서술에 뛰어든 것부터가 상당히 위험한 모험이었다. 라트카우의 책이 베버의 배우자 마리아네 베버(Marianne Weber)의 1926년 전기 이래 무려 80여 년 만에 출간된 베버 전기였다는 사실 자체가 이를 방증한다.

게다가 라트카우는 베버 내면의 자연, 그것도 하필이면

그가 앓은 정신병의 성적 측면을 파고들어 그것을 그의 위대한 학문적 성취의 동력으로 설명하는 과감한 도전을 감행했다. 기존의 금욕적이고 합리적인 베버 상은 진즉에 무너졌다고 하더라도 사회학계 전체가 경악할 만한 일이었다. "무분별한 밝기의 폭로로 [베버] 작품을 흑화"했다거나 "베버의 핵심 사상과 일치하지 않는 아주 따분한 정밀조사"라는 뼈아픈 지적들이 쏟아진 것은 예견된 후폭풍이었다. 그러나 ≪핵경제의 부상과 위기≫의 후폭풍과 목재난 논쟁을 거치며 단련된 논객답게 라트카우는 근 5년에 걸친 일당백의 논쟁을 노련하게 견뎌 냈다.

한 사회학자가 불평했듯, 1000쪽이 넘는 책을 다 읽어도 라트카우가 베버의 삶을 통해 역설하고자 한 '자연주의의 기층'을 이해하기란 쉽지 않다. 우리는 오히려 라트카우가 4년간 쏟아진 비평들에 대해 쓴 종합 반론을 통해 그의 동기와 주장의 좀 더 명확한 내용을 접할 수 있다. 라트카우의 애초 목적은 베버 전기학자들이 이제까지 규명하는 데 실패한 그의 삶과 학문 간 연결 고리를 찾는 데 있었고, 그 결과 당연할 수도 있는 결론에 이르렀다.

베버는 당시 과학계를 지배한 자연주의 사상뿐 아니라 자연과학과 사회과학의 방법론적 통합에 대해서도 양가적이고도 주기적으로 변동하는 입장을 보였는데, 이는 청

소년기부터 발현된 자신의 정신병적 기질과 싸우고 화해하는 전 과정이 투영된 학문적 동요·변화 현상이었다는 것이다. 그러나 라트카우가 규명했다고 주장하는 베버의 삶과 학문 간 연결 고리의 핵심, 즉 인간이 자연적 단위라는 확신과 자연적 존재의 유기적 순환에 대한 향수에 기초한 '베버의 자연주의'는 사회학자들 사이에 크게 설득력을 얻지 못했다.

책은 총 3부로 이루어진다. 베버의 청년기 경험을 다룬 1부 "자연의 훼손", 20세기 초까지 발기부전, 불면증, 정신불안증에 시달리며 정신적으로 가장 취약한 상태에 있었던 베버를 다룬 2부 "자연의 복수"에 이어, 마지막 3부는 "구원과 깨달음"이라는 표제를 달고 베버의 개인적·학문적 변화를 '자연의 승화'라는 키워드로 풀어낸다.

라트카우는 이제껏 출간되지 않았던 방대한 양의 사적 편지와 마리아네의 일기를 사료로 활용해 베버 삶의 궤적을 흡입력 있는 이야기로 완성했다. 인간 외적인 자연에 천착해 온 환경사학자 라트카우가 마침내 인간 내면의 자연으로 시선을 돌리는 대전환을 이루었음을 각 부의 제목에서부터 엿볼 수 있다. 단, 여러 평자들이 공통적으로 지적했듯 베버의 성적 측면과 정신적 측면을 대비하는 다소 밋밋한 평행 구조 탓에 베버의 학문적 생애에서 일어난 모든 변화의 동인을 사적이고 성적인 동기에서 찾는 일종의 '심리화' 경향이 두드러진다. 베버의 가족 관계나 성적 관계에 비해 동료들과의 학문적 교류 관계가 축소 기술되었는데, 이러한 접근법이 심리화 경향을 강화하고 베버의 자연주의의 실체를 충분히 드러내지 못하게 한 듯하다.

그럼에도 라트카우의 베버 전기가 사회학자들을 오랫동안 곤혹시켰던 베버의 성적·정신적 불안에 유례없이 주목해 그것을 그의 학문적 업적과 통합함으로써 혁명적인 베버 상을 제시했다는 사실은 부정하기 어렵다.

호이스의 자유, 마이젠부크의 이상

독일의 유서 깊은 인물전기상인 아인하르트(Einhard)상에 빛나는 호이스 전기는 라트카우의 가장 성공적인 인물 전기다. 라트카우는 베버 전기와 달리 호이스 전기와 마이젠부크 전기에서는 시간별이 아니라 주제별 전개 방식을 택했다. 특히 호이스 전기는 박사 논문부터 ≪신경과민의 시대≫, ≪나무≫ 그리고 베버 전기에 이르기까지 기존 연구 성과와 유기적으로 연결해 특별한 효과를 창출했다. 즉 호이스가 라트카우의 연구에서 새로이 부활한 동시에 이들

연구 역시 호이스의 삶을 통해 새로이 조명된 것이다.

라트카우가 호이스 전기를 집필한 동기는 호이스와 사적으로 얽힌 그의 가족사에서 나왔다. 라트카우는 어린 시절 민주주의의 영웅으로 알고 있던 호이스를 사료에서 다시 발견하지 못해 적잖이 당황했다고 한다. 호이스는 논란 많은 바이마르공화국 국방부장관 오토 게슬러(Otto Geßler)와 가까웠고, 1933년 나치 수권법에 찬성표를 던졌으며, 나치 부역으로 1948년 사형을 선고받은 마르틴 잔트베르거(Martin Sandberger)를 위해 석방 활동을 벌였다. 라트카우의 호이스 전기는 이러한 수수께끼를 풀기 위한 도전이었는데, '아버지 호이스(Papa Heuss)'의 신화에 대한 비목적론적 재구성은 이렇게 시작되었다.

그럼에도 라트카우의 호이스 이야기가 지닌 강점은 탈신화화 자체가 아니라 호이스의 자유주의적 자연을 복원한 데 있다. 여기서 자유주의란 정치적 이데올로기라기보다는 사상적·정치적 얽매임 없는 인간적 행동 양식을 말한다. ≪신경과민의 시대≫의 시선으로 볼 때 호이스는 20세기 초 독일인의 심성과는 거리가 먼 인물이었다.

호이스는 신문사 편집장 시절 1914년 소위 '8월 체험(Augusterlebnis)'의 광분으로 대변되는 참전 열풍과 거리를 유지했고, 1926년 독일작가보호협회의 회장으로서 청

소년풍기문란방지법을 통과시키는 데 앞장섰다. 무엇보다 호이스의 역작 ≪히틀러의 길(Hitlers Weg)≫(1932)은 히틀러에 대한 반감과 공감 모두에 바탕을 둔 나치 이데올로기 분석이었다. 1933년 나치 수권법에 찬성표를 던진 이후에도 호이스 특유의 '이것도 저것도' 식의 행보는 계속된다. 예컨대 호이스는 옛 나우만계 자유민주주의자들과 사회민주주의계 저항 세력뿐 아니라 나치 체제에 가까이 있던 사람들과 교류를 이어 갔다.

1945년 전후 연방공화국이 출범했을 때 라트카우는 비로소 호이스의 '카이로스' 즉 현재의 시간이 시작되었다고 본다. 이념 경쟁이 아니라 대화와 균형의 기술이 중요해진 민주주의 체제에서 비결정주의적 균형 감각과 소통을 중시해 온 호이스는 준비된 인재였다. 초대 연방대통령으로 취임한 호이스는 긴장 완화의 정치를 표방하고 '민주주의의 교사'를 자처하면서 나치 범죄나 7월 20일 저항과 같이 여전히 껄끄러웠던 주제에 대해서도 국민적 소통에 앞장섰다. 라트카우는 통합적 자질을 활용해 사회 전체의 정치적 분위기를 바꾸는 데 크게 기여한 호이스를 콘라트 아데나워(Konrad Adenauer) 못지않게 서독의 성공적인 서방 편입을 이끈 숨은 공신으로 평가했다.

소통과 균형의 예술가였던 호이스 못지않게 마이젠부

크 역시 친구 맺기와 네트워킹의 귀재였다. 법적·사회적 제약이 많았던 19세기 여성의 입지를 생각하면 마이젠부크의 자기결정적 삶은 매우 예외적인 것이었다. 카셀의 궁정 관료로 근무하며 귀족 신분을 얻은 아버지로 인한 신분 상승도 그러한 삶에 한몫했겠지만, 당시 유럽의 교양 세계에서 움직이는 법을 터득한 마이젠부크 개인의 힘이 더 결정적이었다. 이런 맥락에서 라트카우가 마이젠부크의 삶을 교양인들의 유럽(das gebildete Europa)이라는 특정 세계를 선명하게 들여다볼 '시대의 거울'로 삼은 것은 탁월한 선택이었다고 할 수 있다.

마이젠부크는 카셀을 강타한 1848년혁명의 영향하에서 여성교육의 중요성에 눈을 떴다. 함부르크로 가서 교육자가 되었고, 혁명이 실패한 후에는 영국, 프랑스, 이탈리아로 옮겨 다니며 교사·문인 활동을 이어 갔다. 긴 망명 기간 동안 마이젠부크는 노벨문학상 후보까지 올랐던 ≪이상주의자의 회고록(Memoiren einer Idealistin)≫(1867)을 집필해 큰 명성을 얻기도 했고, 특유의 필력과 공감력을 바탕으로 이탈리아 혁명가 주세페 마치니(Giuseppe Mazzini)부터 니체와 바그너 부부에 이르기까지 수많은 정치인, 문인, 예술가와 광대한 규모의 국제적 서신 네트워크를 구축했다.

혁명가로서 이미지가 강하지만, 사실상 마이젠부크의

정치적 기조는 일관되지 않았다. 민주주의적 인식이나 여권 신장에 대해 뚜렷이 목소리를 낸 적이 없고, 망명지 런던에서는 1848년혁명이 이상과 신을 파괴하고 인민을 새로운 우상으로 만들었다고 우려하기도 했다. 심지어 1871년 독일의 통일전쟁에 지나치게 환호해 '말비다 비스마르코바'라고 조롱받기까지 했다. 결국 라트카우가 발견한 마이젠부크의 이상주의란 관념적 구성물이 아니라 삶의 한 양식, 개인적 신념의 대립, 더 나아가 조국과 인종 위에 존재하는 인간의 영혼들이 상호 신뢰하며 함께 더 고귀한 존재로 발전해 가는 이상적 공동체에 대한 지향이었다.

참고문헌

Radkau, J.(2005). *Max Weber: Die Leidenschaft des Denkens.* München: Carl Hanser Verlag.

Radkau, J.(2009). Wiederbelebung einer Ikone und: Zwischenbilanz im Streit um das Wechselspiel zwischen Eros und Logos bei Max Weber. *Geschichte in Wissenschaft und Unterricht, 10*, pp. 568-587.

Radkau, J.(2013). *Theodor Heuss.* München: Carl Hanser Verlag.

Radkau, J.(2022). *Malwida von Meysenbug. Revolutionärin, Dichterin, Freundin: eine Frau im 19. Jahrhundert.* München: Carl Hanser Verlag.

08
환경운동

현대적 의미의 환경운동이 시작한 지점으로 여겨지는 1970년 4월 22일 '지구의 날' 직후부터 환경운동은 오래 가지 못할 것이라는 예언에 시달렸다. 그러나 오늘날 "산업 대부분이 환경운동의 일부가 되었다"는 주장이 나올 정도로 환경운동은 전후사의 가장 성공적인 페이지를 장식하고 있다. 라트카우는 이러한 성공을 견인한 직접적 동인으로 1970년대에 폭발한 생태주의적 네트워크 사고와 행위자 연합을 꼽는다.

환경운동의 새로운 시대, '생태의 시대'

환경사라는 분야 자체가 환경운동의 역사를 서술하는 것에서 출발했기에, 환경운동은 환경사에서 압도적 비중을 차지한다. 그런데 환경운동사는 라트카우 같은 노련한 환경사학자조차 위르겐 하버마스(Jürgen Habermas)의 말을 빌려 '새로운 혼란'의 전형적 사례가 아닐까 되묻게 할 정도로 복잡다단하다. 그중에서도 환경운동의 기원을 밝히는 연구들은 지속적으로 난항을 겪어 왔다. 이상주의적 프로젝트로 출발한 근대 환경운동의 성격 탓에 운동의 사상적 적자를 확인할 수 있는 사상사적 전통 혹은 이데올로기적 전환점들을 규명하는 데 오랫동안 매달렸기 때문이다. 특히 독일의 경우 근대 환경운동의 뿌리에서 지나치기 어려운 나치스의 혈연과 지연 이데올로기는 늘 가장 큰 딜레마였다.

이러한 '역사적 맥락의 빈곤'과 별개로, 1970년대만큼은 '생태혁명'이 일어난 환경운동의 전환기로서 환경운동사에서 특별한 위치를 점해 왔다. 이는 라트카우의 대표작 ≪생태의 시대≫에서도 잘 드러난다. 이 책은 18세기와 19세기를 다루는 장도 포함하지만, 주로 1970년대 이래 40년간의 환경운동에 집중한다. 특히 환경운동의 역사적 뿌리를 다룬 2장의 제목 "환경운동 이전의 환경운동들"에서 보이듯 라트카우는 1970년대 이래의 환경운동을 단수로, 그 이전의 환경운동을 복수로 칭하며 그 둘을 구분한다. 환경운동은 1970년대에 와서야 개별 독성 물질 위주의 환경문제들에 집중하는 파편적 운동의 양상을 넘어 하나의 통합적 운동으로 발전했기 때문이다.

그러나 최근에는 과연 이 시대에 생태혁명이라고 불릴 만한 변화가 있었는지 그리고 그 변화의 내용이란 무엇인지 좀 더 냉정하게 평가하려는 움직임도 거세다. 미국 환경사학자 존 맥닐의 대표작 ≪20세기 환경의 역사≫의 원제는 "태양 아래 새로운 것(Something New Under the Sun)"이다. 맥닐이 전도서 구절을 비틀어 강조하고자 한 것은 20세기 환경문제의 새로운 차원이지 생태혁명이 아니었다. 즉 "태양 아래 새로운 것"은 환경운동과 표리 관계에 있는 환경정책이 관행적 수준을 벗어난 적이 없었다고 비판하는 맥닐의 냉소적 입장을 압축한 표제다.

독일에서도 1970년대의 생태혁명 신화를 부수려는 반론이 제기된다. 아이러니하게도 그 선봉에 선 것은 라트카우의 수제자 위쾨터였다. 위쾨터는 환경운동사의 탈신화화와 '실용적 전환(practical turn)'을 선언한 독일의 대표적인 소장파 환경사학자로, 1970년대를 기존 환경의식과 운동 양식을 극적으로 바꾼 분수령이 아니라 정치·사회·경제적 이해관계가 복잡하게 작용하는 가운데 급진화가 폭발한 시대로 재정의한다. 그 급진화의 원동력 또한 생태주의 같은 이념적 요인이 아니라 울리히 벡(Ulrich Beck)의 '위험사회론'과 에카르트 콘체(Eckart Conze)의 '안정성 추구' 테제를 활용해 좀 더 사회사적인 요인에서 찾는다.

위쾨터에 따르면 1970년대 오일쇼크와 경기 침체, 실업, 국가 부채, 테러 위협, 냉전과 더불어 기존 제도적 장치로는 통제할 수 없는 새로운 환경문제가 이 시대의 새로운 불확실성으로 부상했다. 1970~1980년대 환경운동과 녹색당의 성공 역시 시민운동의 성취로만 볼 수 없으며, 전 사회적 차원의 안정지향적 선택이 낳은 결과로 보아야 마땅했다. 위쾨터가 이러한 관점에서 현대 환경운동사를 정리한 ≪확실성들의 종말(Am Ende der Gewissheiten)≫은 라트카우의 ≪생태의 시대≫와 같은 해에 출간되었다. 두 사람의 책을 나란히 읽는다면 독일 환경사에 대한 세대 간 흥미로운 시각 차이뿐 아니라 후속 세대 위쾨터보다 더 포스트모던한 라트카우의 사관을 새삼 재확인할 수 있을 것이다.

라트카우는 여전히 1970년대 생태혁명의 역사적 의미를 중시하며, 이 시대를 생태의 시대로 규정한다. 1970년대에 본격화한 환경운동 자체가 '예전에는 볼 수 없던 전혀 새로운 것'을 넘어 '원래 불가능한 현상'이었음을 강조한다. 모든 것이 맞물리는 환경문제의 특성상 운동의 목적과 전략 간 모순에서 운동의 구조, 조직, 재정적 운영에 이르기까지 딜레마의 연속이 운동을 지배했기 때문이다.

따라서 현대 환경운동은 고착적 목표와 이념, 체계의 논리가 주도했던 사회주의, 공산주의, 민족주의, 파시즘 등의 근대 사회운동을 기준으로 보자면 불가능한 운동이었다. '환경운동 이전의 환경운동들'로 거슬러 올라가 살피더라도 늘 시대의 의제에 완벽하게 녹아들어 카멜레온처럼 자신의 색을 변화시켜 온 생동감이 환경운동의 가장 일관된 특징이었음에는 의심의 여지가 없다. 라트카우의 표현대로 "환경운동은 인생철학이자 지배 권력의 정당화 수단, 과학이자 저항운동의 투쟁 구호"로 작용해 왔다.

라트카우는 전통적 환경사와는 다른 방식으로 1970년대를 새로운 시대로 정의한다. 일반적으로 1970년대의 생태혁명은 68학생운동과 히피운동, 1967년 영국 남부 해안 앞 오일탱크 파손 사건, 산성비로 인한 미국의 이리(Erie)호와 스웨덴 호수들의 역류 등 다양한 사건들을 직접적 배경으로 삼아 일어났다고 이해되어 왔다. 그러나 라트카우는 이들 사건에 간접적이거나 지엽적인 의미만을 부여했다.

1970년대에는 환경문제들이 뚜렷이 안정세로 접어들었고, 국민 전체의 기대 수명이나 건강 상태도 상당히 개선되는 추세에 있었기 때문이다. 라트카우에 따르면 1970년대 환경운동을 폭발적으로 성장시킨 것은 대규모 환경 재난에 뒤따르는 공포나 대중매체가 가열한 대중 히스테리가 아니라 환경운동과 정보의 결합이었다.

신계몽과 행위자 연합

아래로부터의 역사와 가능성의 역사에 대한 라트카우의 희구는 ≪생태의 시대≫에서 특히 강렬하다. 행간에 숨어 있는 그의 역사철학이 쉽게 모습을 드러내지 않을 뿐이다. 라트카우 역시 감정, 추측, 종교적 동기를 중요하게 생각하지만, 1970년대 환경운동만큼 정보와의 결합이 결정적 역할을 한 대규모 운동은 역사상 존재하지 않았다고 말한다. '공황 상태에 가까운 두려움이 아니라, 지적인 근심'이야말로 생태 시대의 환경운동을 이끈 결정적 추동력이었다는 것이다. 라트카우는 이를 '신계몽(Neue Aufklärung)'이라고 지칭했다.

위쾨터와 같은 후속 세대가 보기에 라트카우의 신계몽

테제는 계몽주의의 프레임 속에서 환경운동사를 이념이나 인식과 같은 주관적 요소에 기대어 해석하는 낡은 사관에 불과하다. 그러나 신계몽 테제의 반전은 원조 계몽주의의 엘리트주의에 대한 대안 개념이라는 데 있다. 신계몽이 생태의 시대를 이끌었다면 그것은 응당 생태학적 인식에 기초한 지적 태도일 것이라고 추측할 독자에게, 라트카우는 "생태의 시대는 결코 생태학(ecology)의 지배를 의미하지 않는다"고 단언한다.

생태학은 1866년 에른스트 헤켈(Ernst Haeckel)에 의해 '생물과 무기적 환경 그리고 함께 생활하는 다른 생물과의 관계를 연구하는 학문'으로 창시되었다. 생태학의 전체론적 시각은 다양한 환경문제들에 대한 개별 운동을 뛰어넘는 네트워크적 붐을 일으켜 1970년대의 통합적 환경운동을 태동시킨 근본적 동력이 되었다. 그러나 라트카우에 따르면 과학으로서 생태학은 1970년대에 폭발한 생태운동으로 직접 연결되지 않았다. 즉 "생태운동의 부상은 과학사적으로 설명될 수 없다".

헤켈 이후 생태학은 양적 측정과 인과론적 분석에 기초한 가치중립적인 과학으로 발전했다. 그러면서 초기 생태운동이 간직했던 '인간과 자연의 이상적이며 원초적인 생명 공동체'라는 이상이 완전히 해체되었다. 자연은 더 이상 '항상 조화로운 유기적 통일체'가 아니라 인간의 개입 없이도 항상 변화하는 유동적인 생태 시스템으로 재정의되었다. 라트카우는 1970년대 생태운동이 폭발적으로 성장할 때 과학적 생태학이 대중적 생태학에서 멀어진 것을 두고 '역사적 아이러니'라 했다. 이 결별의 가장 큰 이유는 과학으로서 생태학 자체에 정치적 실천을 이끌어 낼 자극적 요소가 부족한 데 있었다. 환경운동은 기본적으로 사회라는 인간의 서식지를 보존하고 삶의 질을 지키려는 정치적 실천이다. 고압전선 설치를 반대하는 운동이 그 과학적 근거가 모호함에도 자연 생태계 보존을 위해 설악산 케이블카 설치를 반대하는 운동보다 훨씬 성공적인 이유가 여기에 있다.

그럼에도 초기 생태학자들이 자극한 '네트워크적 사고'는 끝까지 살아남아 1970년대에 들어와 효과적인 '행위자 연합(Akteurskoalition)'을 창출해 냈다. 이 과정은 결코 국가나 환경 단체 혹은 몇몇 위인들의 주도하에 이루어지지 않았다. 라트카우도 해양생물학자 레이철 카슨(Rachel Carson)의 ≪침묵의 봄(Silent Spring)≫(1962)이 지닌 혁명적 의미를 높이 평가한다. 그러나 생태혁명의 진짜 내용은 카슨에 이르는 위인의 갤러리가 1970년대 생태혁명에 와서 끊기고, 운동의 정체성을 이끌어 낼 수 있는 우상이 누구인지를 둘러싼 격렬한 공방이 벌어진 것이라고 말한다.

1970년대 이래의 환경운동사는 결코 개별 일화, 특정 집단, 단편적 현상을 통해 이해될 수 없다. 끝없이 변화하는 환경문제에 따라 동기와 행동의 네트워크가 거듭 새롭게 만들어지는 운동의 역동성을 장기적 시선으로 추적할 때, 비로소 이 시대 환경운동의 정체성과 신계몽적 의미가 드러난다. 라트카우가 ≪생태의 시대≫에서 체르노빌 원전 사고나 독일의 '숲 고사(Waldsterben)'와 같은 환경 사건들, 다양한 종교적·문화적 흐름과의 연관성, 제도와 관료화, 환경 단체의 활약상, 특히 수많은 여성 영웅들의 이야기를 산만하게 늘어놓는 것도 바로 이 행위자 연합을 구체적으로 드러내기 위함이다. 상위의 국가 기관이나 지식인들이 아니라 바로 이 행위자 연합의 구성원 모두가 계몽의 변증법을 완수하는 것, 바로 이것이 신계몽이다. 환경운동은 '국가와 시민사회의 혼혈아'다!

라트카우는 "'환경보호'라는 프로젝트가 애초에 역사적으로 서로 매우 다른 노력들의 연합을 의미했음을 유념해야 한다"고 강조한다. 환경보호는 당대 사회의 다른 흐름들과 네트워크를 형성하고 일반적인 정치 개혁적 구상, 제도, 기관과 동맹을 이룰 때 성공적으로 진전을 이루었다. 역사적 경험에 비추어 볼 때 이러한 성공적 동맹과 실천은 대개 지역을 기반으로 일어났다. 따라서 라트카우는 자기 보존 본능에 호소하는 실천이 효과적인 행위자 연합의 핵심이라고 본다. "인간의 자연적 본성과 조화를 이룰 때만 인간이 자연과 맺는 관계가 개선된다"고 믿기 때문이다. 이러한 맥락에서 19세기의 고향 보존 운동은 1970년대와 같은 네트워크 사고를 발전시키지는 못했지만, 환경운동이 어떻게 대중적 열정을 불러일으키는지 잘 보여 주는 역사적 사례다. 라트카우는 21세기에 들어와 이주와 여행이 일반화되면서 이러한 지역 기반 열정이 흔들리는 것을 토양 유실보다 더 큰 환경적 위험으로 간주한다.

한편 라트카우는 1970년대에 강력한 행위자 연합이 형성된 결정적인 배경이나 동인에 대해 신계몽 테제 외에 별다른 설명을 내놓지 않는다. 유사하게 들리는 라투르의 '행위자 네트워크 이론'처럼 인간 존재에 대한 해체주의적 성찰의 필요성에 대해 목소리를 높이지도 않는다. 인간의 새로운 자기 이해 역시 오직 운동의 산물이기에 결코 행위에 앞설 수 없다고 보기 때문이다.

그 대신 라트카우는 위쾨터의 안정성 추구 테제를 겨냥한 듯 다음과 같이 가능성의 역사를 강조할 뿐이다. "환경 정책이 이룬 수많은 성공들은 안전 보장의 환상을 키우고 있다. 하지만 실제로 환경사는 오늘날에도 환경 정책의 역사, 다시 말해 목표지향적인 인간이 만든 역사가 결코 아니며, 그 핵심상 계획되지 않은 것들, 예측되지 않은 것들의 역사다." 배경과 동력의 설명에 의존하는 환경사는 환경운동의 카오스적 전개 속에 공존하는 수많은 가능성들을 보지 못하게 하는 눈가리개 역할을 할 가능성이 있다. 라트카우는 오직 환경운동의 특징, 주제, 동기를 길라잡이 삼아 환경에 대해 근심하면서도 희망을 잃지 않았던 사람들이 펼친 운동의 역사를 쓰는 데 집중했다.

참고문헌

Radkau, J.(2000). *Natur und Macht: Eine Weltgeschichte der Umwelt.* München: C.H.Beck. 이영희 옮김(2012). ≪자연과 권력: 인간과 자연, 갈등과 개입 그리고 화해의 역사≫. 사이언스북스.

Radkau, J.(2011). *Die Ära der Ökologie: Eine Weltgeschichte.* München: C.H.Beck. 김희상 옮김(2022). ≪생태의 시대: 다시 쓰는 환경 운동의 세계사≫. 열린책들.

Uekötter, F.(2011a). *Am Ende der Gewissheiten: Die Ökologische Frage im 21. Jahrhundert.* Frankfurt am Main & New York: Campus Verlag.

Uekötter, F.(2011b). Consigning Environmentalism to History? Remarks on the Place of the Environmental Movement in Modern History. *RCC Perspectives, 7.* https://www.environmentandsociety.org/perspectives/2011/7/consigning-environmentalism-history-remarks-place-environmental-movement-modern

09
미래

역사학은 기본적으로 미래학이다. 고대부터 역사를 기록해 온 이유 중 하나도 '삶의 스승으로서 역사', 즉 과거를 교훈으로 삼아 미래의 삶을 준비하는 데 있었다. 라트카우는 누구보다 아드 폰테스의 원칙을 엄격하게 실천한 역사학자이지만, 실증주의의 목적이 과거를 있는 그대로 규명하는 것이 아니라 예측 불가능한 미래를 대비하는 데 있다고 봤다.

'복수형 미래의 지그재그'

라트카우의 ≪미래의 역사≫(2017)는 2011년 후쿠시마 원전 사고가 터지기 불과 몇 주 전에 발간되었던 ≪생태의 시대≫만큼이나 최적의 타이밍에 출간된 책으로 꼽힌다. 유럽 경제 위기에 이어 브렉시트, 트럼프, 알파고 등 국제 정치적·경제적·기술적 급변과 불확실성의 증가로 미래가 학계의 주요 화두로 부상한 가운데 출간되었기 때문이다. 출간되자마자 독일의 모든 유력 일간지에서 서평을 실을 만큼 화려한 주목을 받았다.

시의성과 별개로 ≪미래의 역사≫는 제목만큼 창의적인 내용과 방법론 면에서도 충분히 주목받을 만한 책이다. 역사학은 대개 현재나 미래보다 과거, 과정보다 기원, 상상보다 경험적 사실에 관심을 둔다. 그러나 역사가 과연 과거, 기원, 사실에 관한 것인지 다시 한번 생각해 보면 라트카우의 화두에 절로 공감하게 된다. 역사란 과거 자체로서의 'Geschichte'('일어나다'를 의미하는 독일어 동사 'geschehen'에서 유래해 'history'와 달리 과거에 일어난 일이라는 역사의 본래 뜻 또한 상실하지 않은 개념이다)와 그에 관한 기록으로서 'history'를 모두 아우르는 중의적 개념이다. 문제는 역사가 랑케의 선언처럼 '있는 그대로' 서술될 수 없고 기록자의 기대, 욕망, 믿음의 플롯에 따라 서술될 수밖에 없다는 근원적 딜레마에 있다. 이렇게 보면, 사료를 포함해서 우리가 접근할 수 있는 모든 역사는 실상 과거가 아니라 미래에 관한 이야기다.

물론 라트카우가 미래를 역사학의 화두로 삼은 첫 학자는 아니다. 라트카우와 함께 정년까지 빌레펠트대학교에 몸담았던 코젤렉은 ≪지나간 미래(Vergangene Zukunft)≫(1979)에서 프랑스혁명을 전후로 '기대 지평'이 '경험 공간'을 역전하면서 근대의 불행이 시작되었다는 유명한 테제를 남겼다. 코젤렉의 기념비적인 여덟 권의 개념사 사전 ≪역사적 기본 개념(Geschichtliche Grundbegriffe)≫(1972~1997)은 정치·사회적 개념 119개를 통해 시대적 경험과 기대의 간극을 역사적으로 추적한 성과물이다.

그러나 코젤렉이 미래를 논하는 방식은 경험과 기대의 양극 구도에서 출발했기 때문에 도식적 성향이 강했다. 즉 코젤렉은 미래를 이데올로기 중심으로 파악하면서 희망, 불안, 예상, 비전, 망상, 착오 등 다양한 모습으로 변주되는 복수형의 미래 군상을 직접 다루지는 않았다. 라트카우의 ≪미래의 역사≫는 ≪지나간 미래≫가 개념으로 형상화한 미래를 다시 인간의 삶 속으로 돌려보냈다.

역사 속 미래에 대한 코젤렉의 관심은 1750년에서

1850년에 이르는 소위 '말안장 시대(Sattelzeit)'에 일어난 변화를 개념사적으로 추적해 근대의 특징과 본질을 규명하는 데 있었다. 반면 미래에 대한 라트카우의 관심은 1933년 이후 독일인들의 미국 이민을 연구한 박사 논문에서 비롯되었다.

68세대인 라트카우는 허버트 마르쿠제(Herbert Marcuse)나 에른스트 블로흐(Ernst Bloch)를 비롯해 도미를 결단한 수많은 이민자들이 당연히 남다른 비전으로 충만해 있었을 것이라고 예상했다. 그러나 실제로는 이들이 나치 트라우마 탓에 모든 종류의 이데올로기적 유토피아에 극도의 알레르기 반응을 보였음을 확인하고 충격을 받았다. 여기서 라트카우는 곧바로 대다수 전후 세대의 깊은 반유토피아적 환멸의 역사학적 중요성을 직감했다. 미래에 대한 기대는 이데올로기적 유토피아의 내용 때문이 아니라 오히려 환멸 때문에 흥미롭다는 점을 깨달은 순간이었다.

이러한 인식적 경험은 라트카우가 코젤렉의 '개념 우리(Begriffskäfig)'를 벗어나는 동력이 되었다. 라트카우는 코젤렉의 '지나간 미래'를 1945년 이후 현대사 속에서 복원하면서도, 근대 이후의 경험과 기대의 분열이라는 틀에 갇히지 않고 한층 역동적인 복수형 미래의 역사를 썼다. 이런 맥락에서 라트카우의 ≪미래의 역사≫는 방법론적으로 코젤렉의 ≪지나간 미래≫보다는 역사의 진보를 비선형적으로 기술한 위르겐 쿠친스키(Jürgen Kuczynski)의 ≪역사의 지그재그(Vom Zickzack der Geschichte)≫(1996)에 더 가깝다고 볼 수 있다.

코젤렉과 라트카우 모두 "행동하며 [삶을] 겪어 가는 인간들의 경험과 기대를 통해 구성되지 않는 역사란 없다"는 데 생각을 같이한다. 단, 라트카우처럼 거의 모든 역사적 사실에 개입되어 있는 미래상을 구체적·실증적으로 포착해 내려면 방법론적 난도가 높아질 수밖에 없다. 라트카우는 문학이나 영화 혹은 미래학적 문헌에만 의존하지 않고 다양한 분야의 사료를 분석해 "시대 분위기의 거울로서, 특정 행위의 동력 혹은 놀라움의 원천으로" 작용한 땅에 긴박된 미래의 역사를 쓰는 데 집중했다. 이것이야말로 라트카우의 미래의 역사를 코젤렉의 ≪지나간 미래≫뿐 아니라 ≪미래의 역사≫ 출간을 전후해 쏟아진 여러 미래 연구서들과 구분하는 가장 큰 강점이다.

무엇보다 라트카우는 복잡한 이론적·개념적 성찰을 과감하게 건너뛰고 코젤렉이 세운 정치·사회적 의미 연관의 우리를 뛰쳐나와 넓은 스펙트럼에 걸친 복수의 미래상을 실증적으로 추적했다. 이러한 라트카우의 힘은 그가 평생에 걸쳐 연구한 여러 분야, 특히 그 자체로 융합학문적 성격이 강한 환경사 연구 과정에서 나왔다. 91쪽에 걸친 방대한 미주가 이러한 방법론적 노력을 방증한다.

미래의 시점으로 그리는 독일 전후사

라트카우는 1945년 이후부터 현재까지의 독일 전후사를 새로 썼다. 기존의 전후 정치사, 사회사, 경제사가 어떤 일이 어떻게 그리고 왜 일어났는지 사후적으로 설명하는 데 초점을 맞췄다면, 라트카우는 역사가 예상치 못한 경로를 따라 '지그재그로' 전개되어 왔다는 사실에 주목해 당대인의 관점에서 볼 때 '기대 밖의 역사들'을 서술하려 했다.

≪미래의 역사≫는 1945년 직후의 식량 부족부터 1960년대의 성장 광기와 환경위기, 1970년대의 위기 속 '미래 상실'을 거쳐 현재 기후위기 앞에서 에너지 전환을 도모하기까지 독일인들의 미래상을 지식인 담론, 정치 논쟁, 일반인의 심성과 문화의 층위에서 풀어냈다. 이 같은 파노라마는 대부분 서독을 배경으로 서술되었지만, 동독인들의 미래상 역시 놓치지 않아 지나간 미래의 관점에서 동서독 역사를 들여다볼 수 있는 흔치 않은 기회를 제공했다.

복잡한 관계 속에서 살아가는 현대인이 미래에 대해 품

는 희망, 우려, 비전, 환상이 그렇듯, 전후 독일을 살아간 독일인들의 미래상도 정치, 경제, 사회, 문화, 국제적 동향, 환경 등 다양한 분야의 현실 문제를 토대로 주조되었다. 라트카우는 전후 식량난, 반공산주의, 1950년대 자동화 논쟁, 68세대, 핵공포, 여행, 교육, 숲 괴사, 재통일 그리고 2013년 이래 독일 제조업의 디지털 혁신을 상징하던 인더스트리 4.0 같은 주제를 통해 전후 독일인이 어떤 미래를 꿈꾸고 걱정했는지 그리고 그 기대들이 어떻게 예상을 빗나가 '놀라움의 역사(Überrumpelungsgeschichte)'를 연출했는지 보여 준다. 이러한 놀라움의 역사는 단기적으로는 대중 히스테리, 허무맹랑한 판타지, 정치 쇼의 민낯을 드러내기도 했다. 그러나 지나간 미래의 장기적 궤적을 통해 보면, 예상을 빗나간 착오나 비현실적 망상조차 지그재그로 움직이는 역사의 동선을 뚜렷이 하는 이정표로서 소임을 다했음을 발견할 수 있다.

일례로 라트카우는 자동화의 미래를 디스토피아적으로 그린 1950년대 논쟁에 '착오'라는 딱지를 붙이는 것은 부당하다고 해석한다. '라인강의 기적'이라는 신화 때문에 우리는 1950년대의 낙관주의적 시대정신을 상상하지만, 정작 당 시대인들의 미래관은 바이마르공화국에서 절정에 달한 '문화비관주의(Kulturpessimismus)'에 뒤지지 않을 만큼 비관적이었다. 패전에 뒤따른 극심한 물자난과 사회 혼란에 시달린 그들의 일상 경험을 고려할 때 1950년대의 회의주의는 당연한 시대적 반응이었다. 무엇보다 그들이 생각한 모습대로는 아니었지만, 자동화는 결국 산업계에 관철되었다.

라트카우는 1960년대의 성장에 대한 낙관과 미래학 붐이 1970년대에 들어와 오일쇼크와 로마클럽(Club of Rome) 보고서를 계기로 미래에 대한 근심으로 급선회한 것을 미래의 지그재그식 운동을 보여 주는 가장 극적인 사례로 꼽는다. 1950년대의 노동사회 종말에 대한 경고가 오늘날 인더스트리 4.0 시대의 열창으로 바뀌거나, 1970년대 이래 환경 근심의 심화가 오늘날 재생에너지로의 전환에 대한 기대를 낳았다는 역사의 지그재그도 인상적이다.

그러나 독자들은 ≪미래의 역사≫의 지그재그 속에서 길을 잃기 쉽다. 책은 서론뿐 아니라 장 제목에서도 지그재그를 자주 소환하지만, 그 내용으로는 역사란 사람의 인생처럼 예상하거나 계획한 대로 진행되지 않는다는 일견 평범하기 짝이 없는 주장을 다양한 분야의 사례들을 통해 반복하는 듯한 인상을 준다. 따라서 혹자는 ≪미래의 역사≫를 실현되지 않은 역사적 기대들의 모음집으로 이해하면서, 기대와 현실을 나란히 놓고 역사적 기대들이 이루어졌는지 그러지 않았는지만 따져 미래지향적 사고의 다양한 기능을 탈각했다고 불평하기도 한다. 그러나 애초에 복수형의 미래를 체계적으로 분류하고 다양한 사회적 기능을 분석하는 것은 ≪미래의 역사≫의 관심사가 아니다.

라트카우는 지나간 미래를 실제 역사적 맥락 속에 위치시켜 무수한 기대가 '기대치 않은 무질서(Unordnung)'로 귀결된 사례를 '잡다하게' 늘어놓는다. 라트카우가 이를 통해 이야기하려는 것은 반복적 예상 착오들에 방점을 찍은 복수형 미래의 지그재그가 아니다. 라트카우의 지그재그 이야기는 사람들이 예측·계획·상상한 대로 역사가 진행되지 않는다는 '놀라움' 그리고 지나간 미래가 늘 함축하고 있는 대안 역사적 의미, 즉 역사가 다르게 진행되었을 수도 있다는 가능성을 과거인들의 미래상을 통해 엿보는 데 방점을 찍는다.

라트카우는 양대 역작, ≪자연과 권력≫과 ≪생태의 역사≫에서도 과거 사실과 현재 상황 사이를 불안하게 오가며 예측 불가능한 미래 가능성의 실마리를 찾는 역사학자의 방랑자적 시선을 강조한 바 있다. 우리는 ≪미래의 역사≫에서도 실증주의란 이름으로 도착지만 고집하면서 역사를 '일방통행로'로 해석해 그것의 지그재그 과정과 무질서가 보여 주는 무수한 다른 가능성을 간과해 온 것에 대한 라트카우의 날카로운 경고를 들을 수 있다. 독일 전후사에서는 재통일이 종종 그러한 도착지 역할을 해 왔다. 라트카우는 독일 특수경로 테제에 대한 반론을 전후사로 옮겨와, 재통일로 가는 일방통행로 속에 욱여넣을 수 없는 수많은 대안적 가능성을 복수의 미래상을 통해 말하려 했다. 이런 맥락에서 ≪미래의 역사≫는 ≪신경과민의 시대≫와 함께 빌레펠트 사회사에 대한 반항으로 읽을 수 있다.

참고문헌

Koselleck, R.(1979). *Vergangene Zukunft: Zur Semantik geschichtlicher Zeiten.* Frankfurt am Main: Suhrkamp. 한철 옮김(1998). ≪지나간 미래≫. 문학동네.

Kuczynski, J.(1996). *Vom Zickzack der Geschichte: Letzte Gedanken zu Wirtschaft und Kultur seit der Antike.* Köln: PapyRossa Verlag.

Radkau, J.(2017). *Geschichte der Zukunft: Prognosen, Visionen, Irrungen in Deutschland von 1945 bis heute.* München: Calr Hanser Verlag.

10
태양

라트카우는 환경사 저술 프로젝트의 마지막 주제로 태양에너지를 선택했고, 현재 "태양에너지의 독일 드라마: 승리와 비극 사이"라는 표제의 책을 집필 중이다. 아직 출간 전이지만 책의 모판 역할을 한 장편 논문을 통해 그 내용의 윤곽을 미리 엿볼 수 있다. 원자력이라는 우회로를 통해 환경사 연구를 시작한 라트카우가 태양에너지를 학술 여정의 마지막 키워드로 택한 것은 수미일관의 마무리인 듯하다. 실제로 태양에너지의 역사는 전후 독일의 핵 발전사와 밀착되어 진행되었다.

태양에너지 이야기의 시작

라트카우가 태양에너지의 역사에 도전한 이유는 태양에너지가 재생에너지원의 대표 격으로 회자되기 때문만은 아니다. 종잡기 어려운 생태환경운동에 관한 책 ≪생태의 시대≫를 집필하는 과정에서 도달한 나름의 결론, 즉 집합단수로서 하나의 전체론적 이야기가 아니라 주제와 동기에 따라 이해할 수 있는 여러 개의 이야기만이 가능하다는 깨달음 덕분이기도 했다.

라트카우는 태양에너지가 "열린 결말의 이야기들, 즉 여전히 새로이 발견될 것이 아주 많은 이야기들에 빠져들게" 할 마성의 주제임을 곧바로 알아차렸다. 그래서 지금껏 기술 문헌이 주도해 온 태양에너지 역사에 태양에너지 선구자들의 다양한 이야기들, 즉 커다란 재정 손실의 위험을 감수해야 했던 시절부터 태양에너지에 열광하고 태양 이상주의에 빠진 그들의 감정·열정·비전에 대한 이야기들을 들여오는 작업에 착수했다. 라트카우의 태양에너지 이야기가 지닌 특별함은 기술에 대한 이야기와 인간에 대한 이야기를 연결한 데 있다.

1839년에 이미 광전 효과가 발견되었지만 기술계에서는 오랫동안 그 활용 방법을 알지 못했고 크게 주목을 끌지도 못했다. 그러나 태양에너지에 대한 사람들의 열광은 다른 문제다. 대표적 인물로 독일 사회민주주의의 아버지로 불리는 아우구스트 베벨(August Bebel)을 꼽을 수 있다. 베벨은 오늘날 데저텍(Desertec) 프로젝트의 기원이라 할 만한 '태양 식민주의'에 열광했다. 태양에너지로 얻게 될 힘이 사회주의의 승리를 도울 것이라고 확신했기 때문이다.

> 태양에너지가 규칙적으로 흐르는 지표면, 특히 대부분 사용되지 않거나 살기 불편하기까지 한 곳들이 모든 수요를 훌쩍 뛰어넘는 에너지 풍요를 제공할 것이다.… 북아프리카의 수평방마일이면 독일제국과 같은 나라의 수요를 충족하기에 충분할 것이다.(Bebel, 1946: 428-429)

태양에너지를 얻기 위해서는 남쪽의 사막으로 가야 한다는 당시의 통념은 20세기 후반에 들어와서야 태양광을 전기에너지로 바꾸는 데 성공한 광발전(Photovoltaik)의 승승장구와 함께 서서히 사라졌다.

라트카우는 1954년 미국의 벨연구소(Bell Labs)에서 첫 광전지 발명이 성공했음에도 1950년대 중반 원자력이 태양에너지를 밀어내는 형국이 확실해진 것을 태양에너지 역사의 가장 비극적인 아이러니로 꼽는다. 원자력 전문가

토마스 뮌칭거(Thomas Münzinger)가 '원자력 정신병'에 비유한 1950년대 중반의 전 세계적 핵 유포리아는 핵 관련 기밀 정보가 대거 공개되기 시작한 1955년 8월 제네바 국제원자력회의를 계기로 본격화했다. 기묘하게도 당시 원자력 열광자들은 핵분열이 아니라 핵융합에 의한 에너지 획득 가능성을 내세웠다. 원자력이 태양을 모범으로 한 에너지라는 비전을 내세운 것이었다.

태양에너지가 수소 핵의 융합으로 발생한다는 사실은 1938년 이래 상식이 되었다. 그러나 수소폭탄의 아버지 에드워드 텔러(Edward Teller)조차 핵융합으로 에너지를 얻기까지는 족히 40년이 걸릴 것이라고 추정했을 만큼, 핵융합 개발은 오랫동안 진전을 보지 못했다. 실제 원자력 개발이 핵융합이 아닌 핵분열 원자로 건설로 귀착될 것은 기정사실이었다.

단, 인구 밀도가 높은 독일에서는 원자력 개발에 대한 우려가 학계뿐 아니라 에너지경제계 내부에서도 만만치 않았기 때문에 초반에는 대안적 원자로 논의와 개발이 활발하게 이루어졌다. 그중 윌리히핵연구소(Kernforschungsanlage Jülich, KFA)에서 주도해 개발한 쿠겔하우펜 원자로(Kugelhaufenreaktor)가 가장 주목받았지만, 경제성이 높은 경수로 원자력 발전소가 끝내 건립되면서 경쟁에서 밀려났다. 이후 윌리히핵연구소는 윌리히연구소(Forschungszentrum Jülich, FZJ)로 이름을 바꾸고 핵 대신 태양에너지 연구로 전향했다. 흥미로운 크로스오버라고 하지 않을 수 없다.

태양에너지 이야기의 사중주

라트카우의 태양에너지 이야기를 이끌어 가는 네 주역은 루트비히 뵐코(Ludwig Bölkow), 베른트 슈토이(Bernd Stoy), 아돌프 괴츠베르거(Adolf Goetzberger), 헤르만 셰어(Hermann Scheer)다. 우선 항공우주공학자 출신인 뵐코는 좌익의 대안에너지 운동계에서도 태양에너지 관련 문헌에서도 존재감이 없지만, 체르노빌 사태 직후 1987년 독일에서 태양에너지 발전소를 처음 설립한 선구자다. 이는 370킬로와트로 수소를 생산할 수 있는 당시 최대 규모의 태양에너지 발전소였다. 저조한 경제성 탓에 완공이 수년간 지연되고 결국 수소연소엔진 개발도 중단되었지만, 태양에너지 저장부터 전력망 입력, 궁극적으로는 전체 사회에 이르는 시스템적 사고와 오늘날 재생에너지산업계의 화두인 녹색 수소의 가능성을 타진한 첫 사례였다.

뵐코의 발전소 완공이 지연되는 사이에 또 다른 태양에너지 발전소가 탄생하는데, 독일 최대 에너지기업 RWE의 사장 슈토이가 1988~1991년 전기기업 AEG와 함께 건설한 코베른-곤도르프(Kobern-Gondorf) 태양에너지 발전소가 그것이다. 뵐코가 수소 전략에 기초한 태양에너지 시스템을 고민했다면, 슈토이는 자연 생태학적 발전소 건설을 고민했다. 즉 자연 사랑이 남달랐던 슈토이는 태양에너지 발전소를 자연 속에 이질감 없이 삽입하는 방법을 열정적으로 고민했다. 그 방법이란 태양광 모듈 받침대의 고도를 높여서 그 아래에 생물서식공간(biotope)을 조성하는 것이었다. 이 자연친화적이고 미래지향적인 발전 방안은 태양에너지 이야기의 다음 주자인 물리학자 괴츠베르거에 이르러 본격적으로 연구되었다.

1954년 최초의 태양전지가 발명된 벨연구소에서 근무를 마치고 프라운호퍼(Fraunhofer) 응용고체물리학연구소장으로 부임한 괴츠베르거의 큰 업적은 일반적인 실리콘 셀 대신 플라스틱판에 장수 안료를 입힌 형광 집열기를 개발해 산란성 태양광이 지배적인 유럽에 맞게 태양에너지 발전기의 효율을 높인 것이다. 그러나 오늘날 태양에너지 발전 판도를 바꿔 놓은 신기술로 평가받는 괴츠베르거의 업적은 따로 있다. 광대한 태양에너지 발전 설비를 전답

지에 설치하되 그 아래에서는 식물들이 계속 자랄 수 있도록 한 농업-광발전 연구가 그것이다. 이는 인정받기까지 오랜 시간이 걸렸지만 괴츠베르거가 처음부터 의욕을 불태운 기술이다. 괴츠베르거는 자서전 말미에서 농업-광발전을 짧게 언급한 뒤 "부조리하기 때문에 나는 믿는다"라는 오랜 라틴어 숙어로 끝을 맺었다. 이 신기술 개발 과정에서 겪은 분노와 절망을 응축한 한마디였다.

라트카우의 태양에너지 이야기의 대미를 장식할 사람은 오랜 기간 탈무장 운동에 헌신한 사민당 정치인인 헤르만 셰어다. 셰어는 2000년 녹색당의 한스요제프 펠(Hans-Josef Fell)과 함께 재생에너지법(Erneuerbare-Energien-Gesetz, EEG) 제정을 이루어 냈다. 대규모 태양에너지 발전소가 아니라 에너지 자립형 태양열 주택을 바란 괴츠베르거는 이 법을 자신의 가장 비범한 꿈을 실현해 준 법으로 평했다. EEG는 독일 태양에너지 역사의 가장 뚜렷한 경계석으로, 여전히 불확실한 기술에 머물렀던 광발전의 설비 투자자들에게 비용 상환을 보조금 형식으로 보장할 길을 열었다.

이 법은 거의 전적으로 셰어의 카리스마와 전방위적 설득 선략이 낳은 성과라 할 만하다. 셰어는 '태양왕'을 넘어 '태양교황'이라고 조롱받을 정도로 태양에너지 전환을 위한 에너지 정책과 환경 정책에 전력투구했다. 셰어는 체르노빌 사태를 계기로 태양에너지 개척자로 변신한 뒤 빌코가 꿈꾼 태양열 수소를 통한 에너지 혁명을 완수하고자 했다. 무엇보다 셰어는 자연철학자 빌헬름 오스트발트(Wilhelm Ostwald)의 유명한 '에너지론(Energetik)'(19세기를 지배한 기계론적 원자학에 대항해 모든 물질을 특정한 에너지의 현상으로 설명한 새로운 철학으로, 1950년대 중반 원자력에너지 시대에 들어와서야 양자의 대결 구도가 무너진다)을 '에너지윤리(Energethik)' 차원으로 승화시키고자 했다. 사회민주주의자로서 기술의 사회적 차원을 고려했고, 태양에너지의 분산적 생산이 민주주의를 진작할 잠재력을 갖고 있다고 확신했기 때문이다. 독일의 태양광 업계는 EEG라는 도움닫기 덕에 법 제정 10여 년 만에 보조금 지급에 비상 브레이크를 걸어야 할 정도로 과열된 호황을 누렸다.

중국의 '태양 전쟁'과 러시아-우크라이나 전쟁이 가져온 반전

2013년부터 보조금이 축소되고 중국의 저가 태양광 모듈이 쏟아져 들어오면서 독일 태양광 산업의 짧은 봄은 끝났다. 2017년 5월 주식회사 솔라월드(SolarWorld)의 파산 신고와 함께 EEG 보조금으로 똘똘 뭉쳐 있던 독일의 '태양 공동체'는 붕괴했다. 중국인들이 무이자 자금 조달이라는 불공정한 방식으로 독일의 태양광 산업을 파괴했다는 분노 섞인 평도 많지만, 실제로는 이 비극이 독일의 대중국 태양광 생산 설비 수출, 중국산 초저가 태양광 패널 수입, EEG 보조금의 합작품이었음을 모두가 알고 있다. 라트카우는 2010년대 초반 독일 태양광 산업계에서 일어난 승리와 비극을 동전의 양면으로 진단한다. 독일의 태양광 기업들이 짧은 호황 후 줄도산했지만, 태양광 설비는 그만큼 더 저렴해졌다. 무엇보다 태양에너지가 원자력보다 훨씬 저렴해질 수 있음이 증명되었다.

라트카우는 끝나지 않은 태양에너지의 역사에 주목한다. 러시아의 우크라이나 침공이 촉발한 에너지 위기의 최대 수혜자는 태양광 업계였다. 중국산 패널의 침공 이후 새로운 기술들과 소재들은 태양광 전기를 유례없이 저렴한 수준으로 만들었다. 이로써 모든 건물 전면, 모든 자동차 지붕, 모든 과수원에서 전기를 생산할 수 있는 시대가 앞당겨졌다. EEG 개정안이 '태양광 전기를 위한 클리어링 킥'으로 작용하리라는 기대감도 높다. 2022년 독일 신문 ≪프랑크푸르트 알게마이네 차이퉁(Frankfurter Allgemeine Zeitung, FAZ)≫에 실린 재치 있는 제목의 기사, "2022년은 호황의 해가 될 것이다: EEG 보조금은 없어지지만 태양전지의 생산자인 태양은 유례없이 강해진다"는 태양전지뿐 아니라 광발전 설비 부속품 일체의 호황을 예견했다.

라트카우는 그가 이제까지 써 왔던 이야기들에서처럼 태양에너지 역사에서도 단수의 역사가 될 수 없는, 평행선을 달리는 여러 가지 상충적인 이야기들을 확인한다. 1986년부터 2017년까지 반츠(Banz) 수도원에서 진행된 광전변환공학 태양에너지 심포지엄에 참석한 경험을 토대로 ≪태양에너지의 수도원 이야기들(Solare Klostergeschichten)≫(2018)을 출간한 데틀레프 쾨네만(Detlef Koenemann)은 태양에너지 전문가들을 자기 전문 분야의 새만 보는 조류학자에 비유했다. 그러나 태양에너지 문제에서는 기술적 견지에 존재하는 천차만별의 입장과 그로 인한 상반된 정치경제적 해법뿐 아니라 자연·경관 보호와의 잠재적 긴장까지 살펴야 한다.

라트카우는 "전 세계적으로 실제로 시작할 수 있고 가까운 미래에 성공할 가능성이 가장 높은 구체적 목표를 오늘날 찾을 수 있다면, 태양에너지를 일순위로 볼 이유가 많다"고 확신한다. 라트카우는 구체적 목표에 집중하는 효과적 행동이야말로 환경운동의 근본이라고 평생 역설해 왔다. 여든을 넘긴 이 노학자가 이제 갓 스물을 넘긴 청년 운동가 그레타 툰베리(Greta Thunberg)에게 격려가 아니라 쓴소리를 내뱉는 이유가 여기에 있다. 라트카우가 보기에 툰베리의 화제작 ≪기후책(The Climate Book)≫(2022)이 내세운 "모든 것이 달라져야 한다 – 지금!"이라는 슬로건은 아무것도 바뀌지 않을 것을 무릅쓰는 것에 지나지 않으며, 생태적 전환의 잠재력이 가장 큰 태양에너지에 대해 원자력보다도 적은 분량인 4분의 1쪽밖에 할애하지 않은 것은 환경운동사의 절대 교훈을 간과한 처사다.

에너지 문제는 20세기 후반에 와서야 환경문제의 근간으로 인식되기 시작했다. 라트카우는 목재에 기초한 '18세기의 태양에너지 체제'가 산업혁명을 거쳐 화석에너지 체제로 전환되었지만, 장기적으로 다시 태양에너지로 되돌아가는 것이 논리적 필연이라고 말한다. 재생 가능한 자원의 토대 위에 서야 자연을 불가역적으로 파괴할 가능성이 작아지고 예측 불가한 미래를 준비할 운신의 폭이 커진다고 생각하기 때문이다. 라트카우의 생태학적 에너지론의 답은 결국 태양에너지에 있다.

참고문헌

Bebel, A.(1946). *Die Frau und der Sozialismus*. Berlin: JHW Dietz.

Radkau, J.(1983). *Aufstieg und Krise der deutschen Atomwirtschaft 1945–1975*. Hamburg: Rowohlt Taschenbuch Verlag.

Radkau, J.(2023a). Das deutsche Drama der Solarenergie: Zwischen Triumph und Tragödie. *Geschichte im Westen, 38*, pp. 131–155.

Radkau, J.(2023b). Von der solaren zur nuklearen Vision und zurück. Vom energetischen zum energethischen Imperativ. In Mackasare, M.(ed.). *Zukunftswissen?: Potenziale prospektiver Erkenntnis am Beispiel der Energiewirtschaft*, pp. 167–211. Heidelberg: J. B. Metzler.

요아힘 라트카우(Joachim Radkau, 1943~)

독일 근대사학자, 환경사학자. 뮌스터대학교와 베를린자유대학교에서 사학을 공부했고, 함부르크대학교에서 철학 박사 학위를 받았다. 이민사 연구로 박사 학위를 취득한 후 핵경제 연구와 목재 연구를 거쳐 환경사 연구를 시작했다. 다양한 연구 이력을 활용해 정치사회사적 맥락을 넘어 산업, 기술, 에너지까지 포함하는 좀 더 근원적인 차원에서 인간과 환경의 관계에 접근하는 독창적인 경로를 개척했다. 은퇴 후에는 인물 전기 연구까지 더해 누구보다 다학제적이고 융합적인 환경사를 완성했다는 평가와 함께 독일 환경사의 아버지로 불리고 있다. 2009년에 정년 퇴임할 때까지 빌레펠트대학교에서 독일근대사 교수로 근무했다. 세계적으로 가장 유명한 양대 대표작은 일찍이 글로벌 환경사라는 새로운 분야를 개척한 ≪자연과 권력(Natur und Macht)≫, 이를 바탕으로 글로벌 환경운동사 연구에 도전한 ≪생태의 시대(Die Ära der Ökologie)≫다. 이에 앞서 독일 내에서 학자로서 이름을 뚜렷이 각인한 주요 서작으로는 ≪독일 핵경제의 부상과 위기 1945~1975(Aufstieg und Krise der deutschen Atomwirtschaft 1945-1975)≫와 ≪나무(Holz)≫ 등이 있다.

박혜정

연세대학교 교양교육연구소 연구교수로 재직 중이다. 연세대학교 사학과와 동 대학원에서 역사학 학사 학위와 석사 학위를 받았다. 독일 빌레펠트대학교에서 박사 학위를 취득했다. ≪복고와 개혁 사이의 독일 전후 직업교육 이중체제≫(2002)라는 표제로 박사 논문을 출간했다. 지구사 연구와 세계사교육 연구를 거쳐 현재는 기후사 연구와 기후교양교육 연구에 몰두하고 있다. 발표한 논문으로는 “기후위기 시대의 융합교양교육”(2024), “기후위기 시대에 읽는 ‘목재난(Holznot)’ 논쟁”(2024), “21세기에 읽는 17세기 위기”(2023) 등이 있다. 단독 저서로 ≪하나의 지구 복수의 지구사≫(2022), 공저로 ≪새로 쓰는 지역사와 세계사≫(2022), ≪4차 산업혁명 시대 인문 교양교육의 도전과 혁신≫(2022), ≪분단의 역사인식과 사유를 넘어≫(2019) 등이 있다.